José Aguilera Pleguezuelo

La cocina de Almería

EDITORIAL
arguval

Ilustraciones: David Argüelles

C/ Héroe de Sostoa, 122
29002 MÁLAGA
I.S.B.N.: 84-89672-75-X
Depósito Legal: MA-339-2001

Impreso en España - Printed in Spain
Imprime Imagraf

INTRODUCCIÓN

La cocina de Almería, como la gastronomía andaluza en general, no ha tenido hasta bien entrado el presente siglo una buena literatura. Se la tildaba de ser pobre en sus elementos y falta de imaginación. El propio Dionisio Pérez, Post-Thebussem, en su notable *Guía del buen comer español*, no escapa a este juicio: "Almería –afirma– no tiene fisonomía propia culinaria".

Afortunadamente, desde los últimos años, excelentes libros prácticos y de investigación gastronómica, están situando el arte coquinario almeriense en el lugar que le corresponde. Históricamente, la cocina de Almería, al igual que la de Jaén, Granada y en buena parte la malagueña, tiene idénticas raíces, derivada de la tardía cocina arábigo-andaluza del Reino Nazarí de Granada: son los platos más antiguos y comunes, caso de las moragas, los gurullos o géneros similares, como los hormigos o migas (cuya entrada en las mesas de la región se data en el siglo XIII, procedentes del norte de África y en esta región como moda importada del Sudán). Posteriormente, sin embargo, la cocina de Almería alcanza una proyección propia y rica en matices.

En Almería y su provincia pueden señalarse tres zonas o espacios culinarios: la cocina marinera, a lo largo de sus doscientos kilómetros de litoral, con platos propios y comunes a Málaga, costa granadina o Murcia; la zona interior, por tierras de Vera, Tabernas, Albox, Purchena, etc., con platos que hallamos también en Granada, caso del potaje ritual judío de trigo; y, finalmente, el espacio de la Alpujarra almeriense, con inicio y centro en Láujar, donde la gastronomía se unifica y adquiere caracteres propios e inconfundibles: es pura cocina morisca, hermana a la de la Alpujarra granadina. A través de las páginas que siguen, en un intento que se compadece más con lo que pudiéramos innovar como “entomología” culinaria, he tratado de atrapar para la memoria de la letra impresa un arte que nos llega de los siglos pasados y se alambica cada día en la vida y la imaginación de las amas de casa en la entrañable tierra de Almería.

El autor.

VERDURAS, HORTALIZAS Y PATATAS

CAZUELA DE VERDURAS

Tiempo: 40 minutos.

Ingredientes:

- 300 gramos de judías verdes.
- 300 gramos de calabaza.
- 2 cebollas medianas.
- 2 tomates maduros.
- 3 pencas de acelgas.
- 5 zanahorias.
- 5 ajos pelados.
- 3 chorizos picantes o no, según gusto.
- 5 granos de pimienta negra.
- 1 hoja de laurel.
- 1 cucharadita colmada de pimentón.
- 1 decilitro de aceite de oliva, medio vaso de agua y media cucharadita de sal.

Preparación:

Se prepara convenientemente la verdura: se deshebran las judías verdes, se trocean la calabaza y las acelgas, y se pelan y cortan en gajos las patatas y la zanahoria en rodajas.

Se colocan todos los ingredientes en una cazuela plana de barro. Se rocía de aceite, se salpimienta y se añaden los tomates, los ajos y las cebollas enteros. Se cuece todo durante unos diez minutos y, a continuación, se vierte el medio vaso de agua y una cucharada de harina, removiendo con cuchara de palo. Se tapa la cazuela y se deja estofar.

Se sirve caliente o templada.

COLIFLOR AL ESTILO CASERO

Tiempo: 45 minutos.

Ingredientes:

- 1 coliflor mediana.
- 3 dientes de ajo.
- 4 o 5 huevos, según el número de comensales.
- 4 o 5 lonchas de jamón serrano.
- 4 cucharadas de aceite de oliva.
- Varias rebanadas de pan hecho tostaditas.
- 1 cucharada de pimentón dulce o picante, según gusto.
- Agua.
- 2 cucharadas de vinagre.

Preparación:

Se utilizan dos recipientes hondos con agua y sal. En uno, se pone la coliflor en ramos separados no muy grandes y en el otro, se vierten dos cucharadas de vinagre y los huevos uno a uno, con un par de minutos de intervalo. Cuando éstos estén cuajados, se sacan con la espumadera.

Con el caldo de haber cocido la coliflor se prepara una sopa, añadiéndole los ajos dorados en aceite y las tostaditas o sopas de pan fritas.

Se coloca en cada plato una loncha de jamón serrano pasado ligeramente por la sartén y se vierte sobre ella la sopa con el pan frito y un huevo cuajado por cada comensal.

La coliflor cocida se puede presentar aparte o incorporarla a la sopa momentos antes de servirla.

GUISADO DE ACELGAS

Tiempo: 40 minutos.

Ingredientes:

- 1 manojo de acelgas (un kilo aproximadamente).
- 12 almendras peladas o sin pelar.
- 1 trozo de pan (100 gramos aproximadamente).
- 2 cucharadas de vinagre de vino.
- 3 ajos.
- 1 cucharadita colmada de pimentón dulce o picante, según gusto.
- Aceite y sal.

Preparación:

Se cuecen las acelgas en agua abundante y sal. Se les escurre el agua y se reservan.

Se prepara un refrito con las almendras y el pan, machacándolos posteriormente en el mortero. Se le agregan unas cucharadas de aceite y un poco de agua caliente, se remueve el conjunto y se vierte a continuación sobre las acelgas.

Se dejan cocer con el pimentón, removiendo varias veces.

GUISADO DE ESPINACAS

Tiempo: 35 minutos.

Ingredientes:

- 2 manojos de espinacas limpias o un paquete de hojas de los que se venden en el comercio.
- 3 ajos pelados.
- 1 trozo de pan.
- 12 almendras peladas o sin pelar.
- 1 ½ cucharadas de vinagre de vino.
- 1 cucharadita colmada de pimentón dulce o picante, según gusto.

Preparación:

Se cuecen las espinacas en agua con sal, se escurren y se reservan.

Se prepara un refrito con las almendras y el pan, majándolos en el mortero (potestativamente se pueden añadir unos cominos). Después de agregar la cucharada y media de vinagre de vino y el pimentón, se remueve bien el majado y se vierte sobre las espinacas cocidas.

Se añade medio vaso de agua caliente y se deja cocer el conjunto durante siete u ocho minutos.

Se sirve caliente.

GUISADO DE HABAS VERDES

Tiempo: 45 minutos.

Ingredientes:

- ¾ de kg. de habas tiernas.
- 1 cucharada de manteca de cerdo.
- 1 cucharada de aceite.
- 1 cucharada de harina.
- 1 cucharadita de finas hierbas o una mezcla de diversos condimentos como hierbabuena, eneldo, estragón, etc.
- 5 pimientas negras.
- 2 yemas de huevo.
- Sal y agua con una pastilla y media de caldo.

Preparación:

Se desgranan las habas y se ponen a cocer diez minutos en abundante agua con sal. Se escurren bien y se echan en una sartén grande en la que se habrán puesto las cucharadas de manteca y aceite. Se rehogan convenientemente y se les agrega la cucharada de harina.

Se espolvorean las finas hierbas y las pimientas añadiéndoles vaso y medio de agua caliente con las pastillas de caldo.

Se vuelcan las dos yemas de huevo y se remueve todo hasta que consideremos que el guiso está en su punto.

Se sirve muy caliente.

GUISO DE CALABAZA

Tiempo: 45 minutos.

Ingredientes:

- 1 ½ kg. de calabaza.
- 2 tomates maduros.
- 2 pimientos verdes.
- 1 pimiento morrón.
- 3 o 4 ajos pelados.
- 2 ramas de perejil fresco.
- 1 hoja de laurel.
- 1 cucharadita de pimentón dulce o picante, según gusto.
- 5 o 6 hebras de azafrán.
- 1 vaso de agua.
- 1 cucharadita colmada de harina.
- Sal y pimienta.

Preparación:

Se escaldan unos minutos los tomates para poder quitarles la piel. Se corta en cuadraditos la calabaza a la que se le habrá quitado la cáscara.

Se ponen en un recipiente los pimientos verdes y el morrón cortados en trozos pequeños y los tomates machacados y se vierte sobre ellos un majado de ajo, perejil, pimentón, azafrán y finalmente la hoja de laurel.

Después de rehogar la verdura con el majado, se agrega un vaso escaso de agua y la harina espolvoreada.

Se deja cocer todo con una pastilla de caldo picada.

HABILLAS CON CEBOLLETA

Tiempo: 35 minutos.

Ingredientes:

- 6 cebolletas tiernas.
- 500 gramos de habas tiernas con su cáscara o vaina.
- 2 chorizos troceados y sin pellejo.
- ½ cucharadita de sal fina.
- 2 cucharadas de aceite de oliva.
- 2 ramas de perejil fresco.

Preparación:

Se cortan las habas tiernas, de principios de marzo, con sus vainas. Se limpian y cortan muy finas también las cebolletas.

Se calientan en una sartén las dos cucharadas de aceite a fuego bajo y seguidamente se vierte la verdura picada y los chorizos troceados. Se rehogan durante unos veinte minutos removiendo de vez en cuando con una cuchara de palo.

Una vez finalizada la cocción y antes de servir, se espolvorean las habillas con el perejil muy picado.

MENESTRA DE VERDURAS

Tiempo: 40 minutos.

Ingredientes:

- ½ kg. de guisantes. Si son del tiempo, mejor, pero valen los de conserva.
- 1 lechuga.
- 3 zanahorias.
- 2 tomates maduros.
- 2 cebolletas.
- 3 ajos pelados.
- 1 rebanada de pan.
- 3 huevos duros.
- 1 trozo de pimiento morrón en tiras.
- ½ decilitro de aceite de oliva.
- ½ cucharadita de pimentón dulce o picante, según gusto.

Preparación:

Se lava bien la verdura y se pica muy fina. En una cazuela de barro, se fríen los ajos cortados en rodajitas y la rebanada de pan y, a continuación, se majan en el mortero, agregando la media cucharadita de pimentón.

Se colocan en un recipiente todas las verduras picadas y se vierte sobre ellas el majado, removiendo con una cuchara. Se deja hacer la menestra a fuego suave y se sazona de sal y pimienta negra.

Una vez en su punto, se adorna con los huevos duros a gajos y las tiras de pimiento morrón, que tendremos reservados aparte.

PATATAS EN AJILLO

Tiempo: 45 minutos.

Ingredientes:

- ¾ kg. de patatas.
- ½ cebolla mediana.
- 4 ajos pelados.
- 1 cucharadita de pimentón dulce o picante, según gusto.
- ¾ de cucharadita de pimienta negra.
- ¾ de cucharadita de canela en polvo.
- ¾ de cucharadita de cominos.
- 1 decilitro de aceite de oliva.
- Agua y sal.

Preparación:

Se pelan las patatas, se cortan en rodajas de medio centímetro y se salan. Se fríen ligeramente por tandas y se reservan.

Se quita un poco de aceite y se fríe la media cebolla muy picada. En este aceite se vierte un majado de los ajos, la pimienta, la canela y los cominos. Se echan las patatas reservadas y se da color al guiso con un poco de pimentón o con azafrán, según gusto.

Se agrega un poco de agua para la cocción y se cascan varios huevos, que se irán cuajando al propio tiempo que cuecen las patatas.

PATATAS EN AJO POLLO

Tiempo: 50 minutos.

Ingredientes:

- 1 kg. de patatas.
- 12 almendras.
- 2 ajos pelados.
- 1 tomate maduro.
- 1 ramita de perejil.
- 1 rebanada de pan (50 gramos aproximadamente).
- Unas hebras de azafrán.
- 6 granos de pimienta negra.
- Aceite, sal y agua.

Preparación:

Se pelan las patatas, se cortan a gajos o rodajas, –según se prefiera–, y se ponen a cocer con agua y sal.

Aparte, se hace un majado con las almendras, los ajos, la ramita de perejil y el pan frito, además de las hebras de azafrán y los granos de pimienta. Se añaden varias cucharadas de aceite y se homogeneiza el conjunto.

A continuación, se vierte sobre las patatas y se añade el pescado que se prefiera, en crudo o frito con anterioridad, y se deja cocer todo hasta que esté en su punto.

PATATAS CON BACALAO

Tiempo: 1 hora.

Ingredientes:

- 300 gramos de bacalao desalado desde la noche anterior.
- 1 kg. de patatas.
- 1 cebolla mediana o dos cebolletas.
- 1 lata de corazones de alcachofas.
- 1 lata pequeña de habas o guisantes.
- 2 ajos pelados.
- 1 tomate maduro y sin piel.
- 1 pimiento verde asado.
- 1 pimiento de cornicabra.
- Unas hebras de azafrán.
- Sal y aceite.

Preparación:

Se pelan las patatas y se cortan en gajos. Se colocan en una cazuela de barro junto al bacalao, desmigado o en trozos, y despojado de espinas y piel.

Se prepara un refrito con la cebolla o cebolletas picadas, el tomate maduro y sin piel, el pimiento verde en tiras, el pimiento de cornicabra y los ajos. Se machaca todo en el mortero, se añaden las hebras de azafrán y las latas de alcachofas y de habas o guisantes.

Se vuelca todo en la cazuela de barro y se añade agua caliente hasta cubrir el guiso, dejándolo hacer a fuego suave. Para espesar el caldo, si se desea, se puede agregar una cucharada de harina.

PATATAS FRITAS CON TOMATE

Tiempo: 40 minutos.

Ingredientes:

- 1 kg. de patatas en rodajas.
- 5 tomates maduros.
- 3 pimientos verdes.
- ½ cebolla.
- 1 cucharadita de perejil seco.
- 1 decilitro de aceite de oliva.
- 1 cucharadita de sal.

Preparación:

Se escaldan los tomates para quitarles la piel. Se pelan las patatas y se cortan en rodajas, como si fuera para hacer patatas a lo pobre.

Se ponen a freír con los pimientos verdes a tiras y sin semillas. Cuando estén medio fritas, se añaden los tomates pelados y en trozos pequeños. Al mismo tiempo se echa la cebolla muy picada. Se deja freír todo mezclado, removiendo con la rasera para que se una.

Al final, se espolvorea con perejil seco.

PATATAS CON PIMENTÓN

Tiempo: 1 hora.

Ingredientes:

- 1 kg. de patatas.
- 1 tomate maduro.
- 1 pimiento rojo y medio verde, ambos asados.
- 6 sardinas limpias.
- 1 ramita de perejil.
- ½ cucharadita de cominos.
- 1 cucharadita de pimentón dulce o picante, según gusto.
- Unas hebras de azafrán.
- Unos granos de pimienta verde.
- Aceite y sal.

Preparación:

Se pelan las patatas y se cortan a gajos. Se cuece el tomate y se pela.

Se hace un majado con los ajos, la rama de perejil y los cominos. Se añade el pimentón y se remueve junto con unas cucharadas de aceite de oliva.

Se cuecen las patatas y, pasados unos veinte minutos, se agrega el majado, las sardinas y los pimientos rojo y verde a tiras.

Se deja hervir y, si se desea, se espesa el caldo con una cucharada de harina.

PATATAS A LO POBRE

Tiempo: 20 minutos.

Ingredientes:

- 1 kg. de patatas cortadas en rodajas finas.
- 2 cebolletas.
- 3 pimientos verdes.
- 1 cucharada de vinagre.
- Sal y aceite de oliva.

Preparación:

Se cortan las patatas a rodajas finas y se salan convenientemente.

Se pica la verdura y se reserva. Se fríen las patatas lentamente, a fuego moderado, y a mitad de cocción se añaden las verduras.

Se sigue moviendo hasta que las patatas estén en su punto.

PIMENTÓN ALMERIENSE

Tiempo: 35 minutos.

Ingredientes:

- 1 kg. de patatas.
- 3 ajos pelados.
- ½ kg. de raya o sardinas.
- ½ cucharadita de cominos.
- 4 cucharadas de aceite de oliva.
- 1 cucharada de pimentón dulce.
- 2 ñoras o pimientos rojos.
- Sal, pimienta y agua.

Preparación:

Se ponen a calentar dos litros de agua con sal y cuando empiece a hervir, se echan las patatas cortadas en gajos pequeños o a cuadraditos grandes.

Diez minutos más tarde, se vierte el pescado –si fuera raya, se corta en varios trozos–.

Aparte, se machacan en el mortero los dientes de ajo, los cominos, el pimiento molido y las ñoras o pimientos rojos. Se mezcla el majado con las cucharadas de aceite y se vierte en la cazuela en que hierven las patatas y el pescado.

PIPIRRANA ALMERIENSE

Tiempo: 40 minutos.

Ingredientes:

- 4 tomates secos.
- 4 pimientos secos.
- 4 huevos duros.
- ¼ kg. de lomo de buen bacalao.
- ¼ kg. de atún en aceite.
- 100 gramos de aceitunas verdes.
- 100 gramos de aceitunas negras.
- 3 cebolletas picadas finas.
- Aceite.

Preparación:

Se cuecen los tomates y pimientos durante unos minutos. Aparte se cuecen los huevos. Se asa el bacalao para restarle sal y se desmiga. Se trocea el atún.

Se mezcla el conjunto y se pican los tomates y pimientos. La cebolleta se rehoga en el aceite y se añade a la pipirrana.

Se espolvorea con un poco de pimienta blanca y perejil seco.

PIPIRRANA ALMERIENSE

Tiempo: 20 minutos.

Ingredientes:

- 1 pimiento verde.
- 4 tomates de ensalada.
- 1 cebolla mediana.
- 100 gramos de aceitunas verdes sin hueso.
- 100 gramos de aceitunas negras sin hueso.
- 3 ajos asados.
- 150 gramos de bacalao asado.
- Aceite y vinagre.

Preparación:

En la pipirrana, que es excelente en Almería, la opción básica es utilizar los ingredientes tal cual o asados. Condición esencial en uno u otro supuesto es cortar la verdura muy fina.

Se aliña con aceite y vinagre (hay quien lo hace con limón, pero un buen vinagre de vino es insuperable) y se deja en el frigorífico hasta el momento de llevarla a la mesa.

POTAJE DE ACELGAS

Tiempo: 1 hora y cuarto.

Ingredientes:

- 300 gramos de judías blancas.
- 1 manojo de acelgas.
- 1 hueso de jamón.
- 1 trozo de espinazo de cerdo salado.
- 300 gramos de carne de cerdo o vaca.
- ½ ramo de hinojos.
- 1 morcilla
- 1 chorizo.
- 6 hebras de azafrán.
- 1 cucharada de aceite de oliva.
- Agua y sal.

Preparación:

Se dejan las judías blancas en agua con sal desde la noche anterior. También pueden utilizarse uno de lo botes que venden en el comercio, pero yo prefiero la primera opción. Se ponen a hervir con la carne y los huesos.

Mientras tanto, se habrá lavado bien la verdura e incluso, en recipiente aparte, se le dará un hervor cambiándole el agua. Cuando las judías estén tiernas, se añade la verdura, la morcilla y el chorizo, corrigiendo de sal y añadiendo al final unas hebras de azafrán.

El potaje estará listo transcurridos unos quince minutos.

POTAJE DE ESPINACAS CON PATATAS

Tiempo: 45 minutos.

Ingredientes:

- 1 manojo de espinacas o una bolsa de hojas de esta verdura de las que se venden en el comercio.
- 2 patatas medianas o una grande.
- 50 gramos de bacalao desmigado.
- 1 vaso pequeño de arroz.
- 3 cucharadas de aceite.
- 1 cebolla mediana.
- 2 ajos pelados.
- 1 ramita de perejil.
- 1 cucharada de harina.
- 1 cucharadita de finas hierbas.
- ½ cucharadita de pimienta negra en polvo.
- 1 cucharada de vinagre de vino.
- 1 litro de caldo de verduras o de pastilla.
- 1 hoja de laurel.

Preparación:

Se cuecen las patatas picadas finas y siete minutos antes de que estén listas se añaden las espinacas. Se agrega el bacalao desmigado y el arroz.

Se prepara un refrito con la cebolla picada, los ajos picados, la cucharada de harina, el laurel y un poco de pimentón. Se vierte el refrito sobre las patatas y verdura y se deja cocer todo unos diez o quince minutos más hasta que esté en su punto.

Se aromatiza el guiso con las finas hierbas que la imaginación inspire.

POTAJE DE HABAS TIERNAS

Tiempo: 40 minutos.

Ingredientes:

- 1 kg. de habas muy tiernas.
- 4 cucharadas de aceite de oliva.
- 3 dientes de ajo.
- 12 almendras o avellanas.
- 1 trozo de pan (100 gramos aproximadamente).
- 1 cucharada grande de vinagre de vino.
- ½ cucharadita de pimienta molida.
- 2 yemas de huevo.
- 1 vaso de agua tibia.

Preparación:

Se procurará que las habas sean pequeñas y recientes. Se cortan los extremos y se parten en dos o tres trozos, según tamaño, dejándolas con la cáscara. Se cuecen en abundante agua con sal y se escurren a los quince minutos de cocer.

Se ponen las cucharadas de aceite en una sartén y se fríen primero los ajos y posteriormente el pan y las almendras o avellanas. Una vez dorados todos los ingredientes, se majan en un mortero añadiéndoles la cucharada de vinagre, la pimienta y las dos yemas de huevo. Se deslíe todo bien y se añade el vaso de agua tibia. Se deja hervir todo unos diez minutos más, espesando la salsa, si se desea, con una cucharadita de harina.

POTAJE DE HINOJOS CON PATATAS

Tiempo: 1 hora aproximadamente.

Ingredientes:

- 500 gramos de judías blancas.
- 4 patatas medianas.
- 200 gramos de habas secas.
- 1 trozo de costillas de cerdo saladas.
- 150 gramos de arroz.
- 1 manojo de hinojos.
- 3 cucharadas de aceite de oliva.
- ½ cucharadita de sal.
- Agua.

Preparación:

Se dejan en remojo las habichuelas o judías blancas desde la noche anterior. Al día siguiente, se les cambia el agua pasándolas a la olla en que vamos a hacer el potaje. Se pone la sal, las tres cucharadas de aceite y el trozo de costillas saladas. Se dejan hacer las habichuelas y, cuando llevan cociendo unos cuarenta minutos, se añaden las patatas en gajos, las habas secas, el arroz y el manojo de hinojos bien limpios.

Se remueve con la cuchara de palo y se deja cocer todo unos veinte minutos más, añadiendo un poco de agua caliente, si fuera necesario.

PUCHERO DE HABAS VERDES

Tiempo: 35 minutos.

Ingredientes:

- 1 kg. de habas verdes de comienzo de temporada.
- 200 gramos de chorizo, picante o dulce, según preferencia.
- 3 ajos grandes, pelados y picados en rodajas.
- Aceite y sal.

Preparación:

Se desgranan las habas, se les echa un poco de sal y se reservan. En una cazuela de barro plana, se vierte el aceite y se fríen lentamente los ajos picados y la longaniza achorizada o el chorizo elegido, quitándole la piel y rompiéndolo con el borde de la rasera.

Se agregan enseguida las habas verdes y, tras rehogarlas, se vierte una cucharada de agua templada. Se marea todo unos minutos y se sirve en la misma cazuela de barro.

REMOJÓN DE ALBOX

Tiempo: 35 minutos.

Ingredientes:

- 2 pimientos secos.
- 2 tomates secos.
- 3 dientes de ajo pelados.
- 2 ramitas de perejil.
- 15 almendras tostadas.
- 1 trozo de pan frito.
- ½ decilitro de aceite de oliva.
- Sal y agua.

Preparación:

Se cuecen en agua con sal los pimientos y los tomates secos. Se sacan con la espumadera y se llevan a un mortero de gran capacidad (o se maja todo en dos veces) y se trituran junto con los ajos pelados, las almendras y las ramitas de perejil.

Se vierte el majado en el caldo en que cocimos los pimientos y tomates secos. Opcionalmente, puede ponerse una cayena o media cucharadita de pimentón picante.

Este remojón acompaña a las migas o al pescado frito.

TORTILLA DE AJETES

Tiempo: 25 minutos.

Ingredientes:

- 1 manojo de ajetes tiernos.
- 4 huevos frescos enteros.
- 1 cebolleta tierna.
- ½ cucharadita de pimentón.
- Sal y pimienta negra en polvo.
- ½ decilitro de aceite de oliva.

Preparación:

Se cortan en trozos pequeños los ajetes bien limpios y la cebolleta y se mezclan.

Se baten los huevos en un bol, añadiendo optativamente una cucharada de nata, la sal, la pimienta y la media cucharadita de pimentón.

Se pone la verdura en el aceite y se cuajan bien los huevos evitando que se pegue la tortilla.

ZANAHORIAS AL ESTILO ALMERIENSE

Tiempo: 40 minutos.

Ingredientes:

- ½ kg. de zanahorias.
- 10 cucharadas de aceite.
- 1 cucharadita de azúcar.
- 1 cebolla mediana.
- 1 litro de caldo de verdura o pastilla y media de caldo de carne.
- 1 cucharadita de mantequilla.
- 1 huevo fresco.
- Sal.

Preparación:

Una vez rapadas y limpias, se cortan las zanahorias en rodajas finas. Se saltean con la cebolla muy picada en el aceite y se les añade la cucharadita de azúcar.

En el momento de llevarlas a la mesa, se agrega el caldo que se traba con una cucharada de mantequilla batida con el huevo.

Se sirve muy caliente.

LEGUMBRES

AJO BLANCO ALMERIENSE

Tiempo: 45 minutos.

Ingredientes:

- 30 habas secas sin cáscaras.
- 20 almendras peladas.
- 2 ajos pelados.
- 1 trozo de pan sin corteza.
- 3 cucharadas de vinagre.
- 3 cucharadas de aceite.
- 1 litro de agua fría.
- 1 cucharadita no colmada de sal.

Preparación:

Lo más complicado de este plato, excelente en verano y en invierno, es quitar las cáscaras a las habas secas y las almendras, si las tienen. Se logra cociéndolas diez minutos en agua o dejándolas ablandar el mismo tiempo en agua caliente. Una vez realizada esta operación, con las modernas batidoras es cuestión de poco tiempo, aunque puede haber personas fieles a la tradición que quieran hacerlo con el mortero grande y mucha calma. Yo pongo todos los ingredientes en la batidora, hago la pasta y añado el agua fría al final. Se rectifica de sal en caso necesario. Después, de la nevera a la mesa para acompañar platos de pescadito frito o antes del postre, como se hace en muchas regiones de Andalucía. La diferencia de este ajoblanco o ajo blanco –las dos formas valen– de Almería reside en las habas secas, que no se utilizan en otros lugares.

COCIDO DE CORREAS

Tiempo: 1 hora y cuarto.

Ingredientes:

- 300 gramos de judías blancas.
- 300 gramos de patatas en gajos.
- 300 gramos de habichuelas verdes secas, llamadas también “correas”.
- 1 hueso grande de jamón.
- 1 cucharada de aceite de oliva.
- Agua y sal.

Preparación:

Se procurará tener las judías blancas en remojo con sal desde la noche anterior. Se ponen a hervir con la sal y una cucharada de aceite más el hueso de jamón. A los tres cuartos de hora estarán tiernas.

En este punto, se agregan las patatas cortadas en gajos y las habichuelas verdes secas –las “correas”.

Se deja cocer todo durante veinte minutos más y ya estará listo este guiso eminentemente alpujarreño.

COCIDO DE GARBANZOS, PATATAS Y VERDURAS

Tiempo: 1 hora y cuarto.

Ingredientes:

- ½ kg. de garbanzos.
- ½ kg. de patatas cortadas a gajos.
- 1 trozo de tocino, un trozo de rabo de cerdo, una oreja del mismo animal y un trozo de espinazo.
- ¼ kg. de judías verdes secas.
- ¼ kg. de berenjenas secas.
- 1 morcilla y un chorizo.
- Sal y una cucharada de aceite de oliva.

Preparación:

Se dejan en remojo los garbanzos desde la noche anterior. Se ponen en agua fría junto con los trozos de tocino, rabo, oreja y espinazo y se deja cocer el conjunto unos cincuenta minutos.

Se rectifica de sal y se agrega la cucharada de aceite. Se añaden las verduras secas y las patatas, dejando que siga hirviendo otros veinte minutos.

La morcilla y el chorizo se hierven aparte unos diez minutos, y se sirven junto con el resto del cocido.

COCIDO DE HABICHUELAS BLANCAS, PATATAS Y JUDÍAS VERDES SECAS

Tiempo: 1 hora y cuarto.

Ingredientes:

- ½ kg. de habichuelas blancas.
- ½ kg. de patatas cortadas a gajos.
- ¼ kg. de judías verdes secas.
- 1 trozo de tocino y un hueso de jamón.
- 1 morcilla.
- 1 chorizo.
- 1 cucharada de aceite y sal.

Preparación:

Se ponen en remojo las alubias la noche anterior. Se echan en un recipiente con agua fría y un poco de sal y la cucharada de aceite, junto con el hueso de jamón y el trozo de tocino.

Se deja hervir unos cuarenta y cinco minutos, rectificando de sal y añadiendo seguidamente las patatas y las judías verdes secas, llamadas también "correas" en la tierra.

La morcilla y el chorizo se hierven aparte unos diez minutos y se sirven con el cocido de habichuelas.

COCINA MAREÁ

Tiempo: 1 hora y cuarto.

Ingredientes:

- 300 gramos de judías blancas.
- 300 gramos de habas secas.
- 250 gramos de judías verdes.
- 250 gramos de calabaza.
- 250 gramos de patatas.
- 1 tomate maduro.
- 3 ajos pelados.
- 1 cebolla.
- ½ pimiento verde.
- 5 granos de pimienta negra.
- Unas hebras de azafrán.
- 1 hoja de laurel.
- Aceite y sal.

Preparación:

Se ponen en agua con sal las legumbres y un chorreón de aceite y se dejan hervir a fuego suave. Mientras tanto, se hace un refrito con la cebolla picada, el medio pimiento verde picado, el tomate maduro sin piel, los granos de pimienta previamente machacados en el mortero y las hebras de azafrán.

Se vuelca el refrito en las legumbres que cuecen, se rectifica de sal si fuera necesario y se deja hervir todo hasta que esté en su punto.

POTAJE DE ALUBIAS CON PELOTAS

Tiempo: 1 hora y media.

Ingredientes:

- ½ kg. de alubias blancas.
- ¼ kg. de calabaza.
- ¼ kg. de judías verdes, del tiempo o secas.
- ½ kg. de patatas.
- 2 o 3 ramas de hinojo.
- 1 tomate maduro.
- 1 cebolla mediana.
- 3 ajos pelados.
- 150 gramos de harina.
- 1 pimiento de cornicabra.
- 1 hoja de laurel.
- 1 huevo.
- Unas cucharadas de pan rallado.
- Una morcilla, un trozo de longaniza y un poco de carne hervida.
- Aceite y sal.

Preparación:

Se dejan en remojo las alubias desde la noche anterior. En una cacerola con agua fría se echan las alubias, las verduras, la hoja de laurel y el tomate.

Se hace un refrito con la cebolla picada y se mezclan desmenuzadas las morcillas y la longaniza junto con la carne picada. Se traba esta mezcla con la harina y un poco de caldo homogeneizando con el huevo y y se fríen envueltas en pan. Cuando estén listas estas pelotas o albóndigas, se sirven con el potaje en su punto.

POTAJE DE GARBANZOS Y ALUBIAS

Tiempo: 1 hora y cuarto.

Ingredientes:

- 300 gramos de garbanzos.
- 300 gramos de alubias blancas.
- ¼ kg. de bacalao.
- 1 hoja de laurel.
- 5 ajos pelados.
- 1 cebolla mediana.
- 1 tomate maduro y sin piel.
- 1 rebanada de pan.
- 5 pimientas negras.
- 5 hebras de azafrán.
- 2 cucharadas de vinagre de vino.
- 1 cucharada de harina.
- Aceite, agua y un poco de sal.
- 1 bolsa de hojas de espinacas.

Preparación:

Se dejan los garbanzos y las alubias en remojo desde la noche anterior. Se hacen cocer en agua fría con los ajos machacados y la hoja de laurel. Se desmiga el bacalao, quitándole espinas y piel (debe haber sido desalado desde la noche anterior). A mitad de cocción, se añaden las hojas de espinacas.

Se hace un refrito con la cebolla picada, el tomate sin piel y el pan en trozos. Se pasa todo por el mortero y se vierte en el potaje.

POTAJE DE HABICHUELAS

Tiempo: 1 hora y 10 minutos.

Ingredientes:

- 400 gramos de alubias blancas.
- 5 patatas.
- 5 ajos pelados.
- 1 rama de perejil.
- 1 cebolla mediana.
- 6 granos de pimienta negra.
- 1 hoja de laurel.
- 3 cucharadas de aceite de oliva.
- 5 hebras de azafrán.
- 1 chorizo.
- Agua y sal.

Preparación

Se ponen en remojo las alubias la noche anterior, si se teme que sean un poco enteras. Al día siguiente, se les cambia el agua y se ponen en la olla en que vamos a hacer el potaje con agua fría y los diversos condimentos en crudo. Se vierten las tres cucharadas de aceite y se deja hervir el guiso unos tres cuartos de hora, hasta que estén tiernas las alubias.

Se echan las patatas cortadas en gajos y se deja hervir hasta el final, rectificando de sal, si fuera preciso.

POTAJE DE TRIGO

Tiempo: 1 hora y media.

Ingredientes:

- ½ kg. de trigo preparado, es decir, limpio tras haber estado en remojo.
- 200 gramos de garbanzos.
- 200 gramos de alubias blancas.
- ½ kg. de costillas saladas, espinazo, rabo, oreja, etc.
- 4 morcillas.
- 150 gramos de hinojos.
- 150 gramos de judías verdes.
- 150 gramos de calabaza.
- 4 patatas en gajos.
- 2 cucharadas de aceite de oliva.
- Agua.

Preparación:

Se ponen a hervir las legumbres junto con el trigo. Mediado el tiempo de cocción, se añaden los aditamentos de cerdo y las verduras. Se sigue cociendo a fuego suave y, veinte minutos antes de servir, se echan las patatas en gajos.

Diez minutos después, se ponen las cuatro morcillas –o dos si fueran muy grandes.

Se sirve en su punto y muy caliente.

ROPA VIEJA

Tiempo: 45 minutos.

Ingredientes:

- Restos de un cocido anterior (picando bien los garbanzos, verdura y carne o tocino).
- 1 lata grande o pequeña de tomate frito.
- 4 patatas.
- 2 huevos batidos.
- Aceite y un poco de sal, si fuera necesario.

Preparación:

Una vez bien picados los restos de cocido del día anterior, se reservan. Se pelan las patatas y se cortan en cuadrados o rodajas pequeñas. Se vierten sobre las patatas, una vez fritas, los restos del cocido y el tomate y se mezclan convenientemente con la rasera. Se baten los huevos y se cuajan.

Se sirve caliente, en la misma sartén o en una fuente.

SOPAS Y GAZPACHOS

GAZPACHUELO DE GAMBAS Y RAPE

Tiempo: 40 minutos.

Ingredientes:

- ¼ de kg. de rape.
- 300 gramos de gambas peladas.
- 1 pimiento morrón.
- ½ limón.
- Aceite, sal y agua.
- 1 o 2 ramitas de perejil.

Preparación:

Se pelan las gambas, reservando las cabezas y cáscara, y se corta el rape en dados. Se trocea el pimiento y se lava el perejil que se añade sin cortar. Se pone a hervir una cacerola con agua y sal.

Aparte, en un cazo pequeño, se cuecen las cabezas y cáscaras de las gambas, incorporando el caldo a la cacerola grande. Se echan las gambas y el rape, así como el pimiento morrón y el perejil, y se dejan cocer unos quince minutos.

Seguidamente, se hace una mayonesa con dos huevos y el aceite necesario, incorporando el zumo de limón a la misma.

Se deja que se enfríe todo hasta una temperatura media y a continuación, se le incorpora la mayonesa, moviendo poco a poco. En el momento de servir, se calienta.

GAZPACHUELO DE VERANO

Tiempo: 30 minutos.

Ingredientes:

- 1 taza de mayonesa.
- 100 gramos de pan frito.
- 1 pepino.
- 1 tomate de ensalada.
- 1 litro de agua.
- ½ limón en zumo, si no lleva la mahonesa.

Preparación:

Se pica la verdura en cuadraditos pequeños, al igual que el pan que se fríe y se reserva. Se disuelve la mayonesa en agua a la temperatura ambiente, haciéndolo poco a poco para que no se formen grumos.

Se vierte la guarnición y el zumo de medio limón, si la mayonesa no lo llevaba. Se deja en el frigorífico un mínimo de dos horas antes de servirlo.

SOPA CALADA

Tiempo: 20 minutos.

Ingredientes:

- 1 litro de caldo de cocido.
- 400 gramos de rebanadas de pan del día anterior, tostado ligeramente en el horno.
- 5 hojas de hierbabuena.

Preparación:

Se ponen las rebanadas de pan al horno, hasta que adquieran un ligero color dorado. Se calienta el caldo de cocido, al que se le habrán incorporado las cinco hojas de hierbabuena.

Se ponen las rebanadas de pan en el fondo de la sopera y se vierte el caldo de cocido sobre las mismas.

Es conveniente esperar unos minutos antes de servir el plato.

SOPA DE CEBOLLA CON EMBUTIDO

Tiempo: 40 minutos.

Ingredientes:

- 4 cebollas medianas o 3 grandes.
- 200 gramos de lomo adobado.
- 200 gramos de morcilla.
- 200 gramos de longaniza.
- 200 gramos de panceta.
- 2 cucharadas de harina.
- Aceite, sal y agua.

Preparación:

Se pelan y pican las cebollas. Se cortan en trozos regulares la longaniza y la panceta, dejando enteras las morcillas. Se rehoga en aceite la cebolla picada y, cuando esté transparente, se ponen los embutidos, dejándolos freír unos tres minutos.

A continuación, se espolvorean sobre el refrito las dos cucharadas de harina y se agrega lentamente un litro o litro y cuarto de agua. Se deja cocer todo a fuego suave unos doce o quince minutos.

Se sirve muy caliente y es plato muy apetecible en invierno.

SOPA DE PIMENTÓN

Tiempo: 40 minutos.

Ingredientes:

- 400 gramos de tocino entreverado o panceta.
- 400 gramos de lomo adobado.
- 3 chorizos sin piel y troceados.
- Sal (½ cucharadita será suficiente).
- 1 cucharadita colmada de pimentón dulce.
- Agua hasta cubrir.

Preparación:

Se cortan en taquitos regulares el tocino entreverado, el lomo adobado y los chorizos sin piel. Se cubre todo con un poco de agua, y cuando empiece a hervir, se echa el pimentón al par que se remueve.

Se deja hervir unos veinte minutos.

SOPA DE PIMENTÓN TOSTAO

Tiempo: 25 minutos.

Ingredientes:

- 100 gramos de buen chorizo.
- 100 gramos de lomo de cerdo, adobado o sin adobar, a gusto de cada cual.
- 100 gramos de tocino entreverado.
- 250 gramos de pan sentado, es decir, del día anterior.
- 1 tomate maduro.
- 1 pimiento verde.
- 1 cucharadita de pimentón picante.
- Sal y agua.

Preparación:

Se pela el tomate y se trocea junto con el pimiento verde. Se le quita la piel al chorizo y se parte en trozos pequeños al igual que el tocino, el lomo y el pan.

Se pone aceite de oliva en un perol hondo y se rehogan todos los componentes de la sopa, moviéndolos con la rasera o la cuchara de palo que estemos utilizando. Se espolvorea el pimentón picante y, tras moverlo varias veces, se vierte el agua y se espera a que hierva y se haga en unos siete u ocho minutos.

Se rectifica de sal y se lleva a la mesa muy caliente, pues es comida de invierno.

SOPA DE PIMIENTOS Y TOMATES

Tiempo: 35 minutos.

Ingredientes:

- 2 tomates maduros.
- 1 pimiento morrón.
- 1 pimiento verde.
- 1 rama de perejil.
- 5 ajos pelados.
- 1 cucharada sopera de pimentón dulce o picante, según gusto.
- 150 gramos de pan.
- 2 huevos.
- Sal, pimienta negra y agua.

Preparación:

Se hierven unos minutos los tomates para quitarles la piel y se pican junto a los pimientos, el perejil y los ajos. Se rehogan en aceite todos los ingredientes, se salpimienta y se deja que cueza todo unos veinte minutos.

Diez minutos antes del final de la cocción, se cascan los huevos y se rectifica de sal si fuera necesario.

SOPAS DE CEBOLLA Y PAN TOSTADO

Tiempo: 35 minutos.

Ingredientes:

- 2 cebollas grandes o 3 medianas.
- 400 gramos de pan sentado, en rebanadas pequeñas.
- Aceite, sal y agua.

Preparación:

Se pican finamente las cebollas una vez peladas (no conviene aprovechar la última capa de la cebolla, pues siempre se queda dura). Se mete en el horno el pan cortado en rebanadas pequeñas, para que se tueste.

Se fríe lentamente y a fuego suave la cebolla picada. Una vez transparente, se añade un litro o litro y cuarto de agua y se deja hervir. Pocos minutos antes de apagar el fuego, se pone el pan tostado que hemos reservado, dándole un hervor antes de servir muy caliente.

ARROCES Y PASTAS

ANDRAJOS

Tiempo: 45 minutos.

Ingredientes:

Para el caldo:

- 1 cucharadita de pimiento molido, picante o dulce.
- 1 trozo de panceta en taquitos.
- 1 chorizo en migajas.
- 1 trozo de lomo de cerdo en cuadraditos.
- Agua y sal.
- ½ decilitro de aceite de oliva.

Para la pasta:

- 250 de harina de trigo.
- 1 vaso de agua templada.
- ½ cucharadita de sal fina.

Preparación:

Este plato –de indudable origen morisco– es propio de la Alpujarra almeriense, de la granadina y de la provincia de Jaén, aunque también lo hallamos en otros puntos de la serranía andaluza.

Para el caldo, se hará un refrito con los diferentes ingredientes y, una vez apagado el fuego, se vierte el agua con una media cucharadita de sal. Se pone a hervir unos quince minutos y se reserva. Aparte, en una fuente honda, se coloca la harina y se hace un hueco en el centro y, vertemos el agua en éste, poco a poco, mientras trabajamos la masa hasta lograr una pasta dura que extenderemos con el rodillo. Pasados unos minutos, en el caldo hirviendo se van echando trozos de la torta, dejando siempre un poco de tiempo entre uno y otro.

ARROZ CON BOQUERONES

Tiempo: 30 minutos.

Ingredientes:

- 200 gramos de arroz.
- 1 tomate maduro.
- 1 pimiento verde.
- 3 ajos pelados.
- 1 rama de perejil.
- 250 gramos de boquerones frescos y limpios de las raspas centrales.
- 1 decilitro de aceite de oliva.
- Unas tres o cuatro hebras de azafrán.
- 6 pimientas negras en grano.
- Agua y sal.

Preparación:

Se pican las verduras y se hace un refrito. Al final, se añade el arroz y se rehoga también dos minutos. Se vierte agua caliente –vaso y medio aproximadamente– echando también los granos de pimienta, el azafrán y una cucharadita de sal fina.

Se deja hervir unos cinco minutos y después se incorporan los boquerones limpios y sin raspa, ligeramente salados. Se hierve durante unos quince minutos más y, una vez cocido, se deja reposar cinco minutos antes de llevarlo a la mesa.

ARROZ A LA CALDERA

Tiempo: 45 minutos.

Ingredientes:

- ½ kg. de presas de conejo.
- 250 gramos de arroz.
- 1 tomate maduro.
- 150 gramos de costilla de cerdo.
- 1 lata pequeña de guisantes.
- 1 lata de pimientos morrones.
- 3 ajos pelados.
- 1 o 2 ramitas de perejil fresco.
- 1 decilitro de aceite de oliva.
- Agua y sal.

Preparación:

Se pican los ajos, el tomate, el perejil y los pimientos. Se hace un refrito, añadiendo los guisantes, las presas de conejo y las costillas. Se vierte el agua y se deja hervir el guiso hasta que esté cocida la carne.

Una vez logrado este objetivo, se añade el arroz dejándolo hervir otros quince minutos. Cuando haya cocido, se deja reposar unos cinco minutos más.

Se sirve lo más caliente posible.

BOLLOS DE PANIZO

Tiempo: 2 horas de preparación y 25 minutos para hacer.

Ingredientes:

- 2 vasos grandes de harina de maíz.
- 1 vaso grande de agua templada.
- ½ sobre de levadura en polvo.
- 1 cucharadita de sal.
- 1 decilitro de aceite de oliva.

Preparación:

Las tortas o bollos de panizo se hacen para acompañar los llamados caldos o sopas de ajo colorao. Es preciso preparar, pues, uno de los varios y excelentes caldos o sopas de ajo con pimentón que tiene la cocina almeriense y que se han facilitado en páginas anteriores.

Para hacer los bollos, se amasan la harina de maíz a la que se habrá mezclado bien la levadura con el vaso de agua. Se deja laudar la masa unas dos horas y después, con las manos húmedas (con agua o aceite) se van tomando trozos de masa y, con las palmas de las manos, se hacen tortitas que se dejan caer con cuidado en el aceite hirviendo. Se van sacando con la rasera cuando estén doradas.

GACHAS COLORÁS

Tiempo: 25 minutos.

Ingredientes:

Para el caldo:

- 1cucharadita de pimiento molido, picante o dulce.
- Un pedazo de panceta en taquitos.
- Un trozo de chorizo picado.
- Un trozo de lomo en cuadraditos.
- Agua y sal.

Para la pasta:

- ¼ kg. aproximadamente de harina de sémola o maíz, según gusto.
- 1 cucharadita de sal.

Preparación:

Para el caldo o sopa, se hace un refrito con los ingredientes y se vierten tres cuartos de agua y media cucharadita de sal. Se deja hervir unos quince minutos y se reserva.

Aparte, se pone en un recipiente agua con una cucharadita de sal y, antes de que hierva pero ya caliente, se va añadiendo la harina poco a poco para que no formen grumos, y se remueve con regularidad hasta que esté bien cocida la pasta.

Se sirve en el propio cazo o sartén honda junto al caldo quemado o sopa que habíamos reservado.

GACHAS CON LECHE

Tiempo: 20 minutos.

Ingredientes:

- 250 gramos de harina o sémola.
- ½ cucharadita de canela en polvo.
- ½ cucharadita de matalahúva.
- ¼ cucharadita de sal.
- 2 decilitro de leche.
- 100 gramos de azúcar.
- ½ decilitro de aceite de oliva.
- Agua.

Preparación:

En una sartén profunda se vierte el aceite y se fríe ligeramente la matalahúva. A continuación, se echa una tercera parte de agua y se espera a que empiece a hervir para, tras ponerle un poco de sal, ir echando la harina poco a poco mientras movemos con una cuchara de palo.

Se dejan cocer hasta que consideremos que están en su punto. Se hace un hueco en el centro y se vierte la leche, el azúcar y la canela en polvo convenientemente distribuidos.

También se pueden comer con miel de caña.

GACHAS DE MOSTO

Tiempo: 45 minutos.

Ingredientes:

- 1 litro y medio de mosto.
- 400 gramos de harina candeal.
- 1 o 2 palos, según gusto, de canela en rama.
- 1 corteza de un limón.
- 2 cucharadas de azúcar.

Preparación:

Se pone a hervir el mosto de vino al que le habremos puesto previamente la cáscara de un limón, el palo o palos de canela en rama y las dos cucharadas de azúcar. Se deja al fuego hasta que reduzca (unos 20 o 25 minutos).

Se deja enfriar y, seguidamente, a fuego bajo se va incorporando la harina poco a poco, mientras movemos con una cucharada de palo para evitar grumos. Antes de finalizar, se sacan la corteza de limón y los palos de canela, comprobando que las gachas están a nuestro gusto.

GACHAS-TORTAS

Tiempo: 1 hora y 10 minutos.

Ingredientes:

- 4 ajos pelados.
- 4 patatas en cascos no muy grandes.
- 1 tomate maduro.
- 1 pimiento verde.
- 1 cebolla mediana.
- 2 o 3 ramitas de perejil fresco.
- 200 gramos de harina.
- 1 pimiento de cornicabra.
- 1 cucharadita de sal.
- Aceite y agua.

Preparación:

Se hacen las tortas aparte, amasándolas con agua y un poco de sal hasta que adquieran una consistencia adecuada. Se deja reservada la masa mientras se prepara el guiso de patatas y pimientos. Se hierve unos minutos el tomate para quitarle el pellejo y mientras tanto, se pica el pimiento y la cebolla. Se fríen los ajos y se cortan las patatas en gajos. Se rehogan los ajos y el perejil, y se majan en el mortero. En una cacerola con agua se echan las patatas añadiéndoles la sal y unos granos de pimienta.

Cuando hiervan, se les agrega el picado de cebolla, pimiento y tomate, los ajos y el perejil majados en el almirez. Se deja que cuezan las patatas y, entretanto, se van haciendo tortas con trozos de masa reservada y echándolas poco a poco para que no se unan. A los diez minutos aproximadamente, estará listo el guiso.

HARINA TORCÍA

Tiempo: 45 minutos.

Ingredientes:

- 300 gramos de harina de trigo o maíz. Si se prefiere, también pueden ser mezcladas.
- 1 tomate rojo grande.
- 1 cebolla grande.
- 2 pimientos secos de cornicabra.
- 2 ajos pelados.
- ½ cucharadita de pimentón picante.
- 1 decilitro de aceite de oliva.
- Agua y sal.

Preparación:

Se moja la harina poco a poco, trabajándola con las palmas de la mano (como se hace con la sémola de alcuzcuz) hasta lograr unos granos regulares. Se deja que se sequen y mientras tanto, se prepara el caldo con un refrito de los demás ingredientes bien picados. Se espolvorea éste con la media cucharadita de pimentón picante y se añade un litro de agua caliente o fría.

En una sartén a fuego muy bajo se tuestan los granos de harina. Finalizado el tueste, se incorporan al caldo que cuece. Se deja hervir todo unos ocho minutos hasta que, al probarlo, consideremos que está a nuestro gusto.

HORMIGONES

Tiempo: 40 minutos.

Ingredientes:

- 1 cebolla mediana.
- 1 tomate maduro.
- 1 pimiento seco de cornicabra.
- 1 pimiento verde.
- 100 gramos de longaniza fresca.
- 100 gramos de carne de cerdo.
- 250 gramos de harina de maíz.
- 250 gramos de habas frescas.
- 1 decilitro de aceite.
- Agua y sal.

Preparación:

En una sartén honda, se tuesta la harina de maíz y se reserva. Se fríe el pimiento de cornicabra y se machaca en el mortero. Se pican las verduras y se desmiga la longaniza al par que se corta en dados la carne de cerdo.

En la sartén en que tostamos la harina, se rehogan las verduras y la carne y longaniza. Se agrega al rehogo el pimiento frito y machacado. Se vierte agua caliente y, antes de que empiece a hervir –para evitar grumos–, se van echando las habas y la harina poco a poco, dejando cocer todo unos quince minutos hasta obtener la pasta. Este plato, según consta en la literatura del siglo XVI y del XVII, es uno de los precedentes de los "hormigos" o "migas".

MENEOS

Tiempo: 25 minutos.

Ingredientes:

- 1 pimiento grande de cornicabra o 2 pequeños.
- 1 pimiento verde.
- 1 cebolla mediana.
- 2 patatas medianas en rodajas finas.
- ¼ kg. o 300 gramos de harina de trigo.
- 1 decilitro de aceite de oliva.
- Agua y sal.

Preparación:

Se fríe el pimiento seco de cornicabra, se maja en el mortero y se reserva. En el mismo aceite empleado se fríe la cebolla picada y el pimiento verde también picado. Se añaden las rodajas de patata y se rehoga todo hasta que quede un poco dorado. Se cubre abundantemente de agua –con el fuego apagado.

Posteriormente, se vuelve a encender y se vierte la harina poco a poco removiendo regularmente con una cuchara de palo para evitar los grumos. Se deja hervir unos diez minutos más, procurando que quede suelta la masa.

MIGAS CON REMOJÓN

Tiempo: 1 hora.

Ingredientes:

- 400 gramos de harina de trigo.
- 1 pimiento verde troceado.
- 1 trozo de panceta troceado.
- 2 morcillas de arroz o cebolla troceadas.
- 2 chorizos frescos o curados troceados.
- 4 ajos pelados o seis con su cáscara.
- 2 decilitros de aceite de oliva.
- Agua y sal.

Preparación:

Se vierte el aceite en una sartén profunda. Se fríen la panceta, las rodajas de morcilla y chorizo, añadiendo finalmente los ajos. Una vez dorados los ajos y fritos los otros ingredientes, se sacan con la rasera y se reservan. Se retira el aceite y en la sartén se echa agua con sal. Cuando ésta esté caliente, pero no hirviendo, se va echando harina poco a poco, removiendo con la rasera hasta lograr una masa suelta. A este efecto, de vez en cuando se pone un poco de aceite del que reservamos, dejando que cueza la pasta una hora aproximadamente.

Se puede servir como complemento con el llamado "remojón".

TORTAS DE AVÍO

Tiempo: 40 minutos.

Ingredientes:

- 250 gramos de harina de maíz.
- 2 tomates maduros.
- 1 cebolla mediana.
- 1 pimiento verde.
- 200 gramos de atún cocido previamente o de conserva.
- 150 gramos de boquerones o sardinas pequeñas abiertas en dos mitades y sin raspa.
- 3 ajos picados.
- ½ cucharadita de cominos.
- 1 decilitro de aceite de oliva.
- Agua y sal.

Preparación:

Se hace una pasta con la harina, agua, un poco de sal y una media cucharada de aceite. Se trabaja hasta convertir la pasta en una torta redonda y delgada. Se lleva al horno hasta que veamos que está dura (unos diez minutos).

En una sartén aparte, se fríen ligeramente todos los demás ingredientes, añadiendo el atún y los boquerones o las sardinas pequeñas. Se distribuye el refrito sobre la torta que espolvorearemos con los cominos. Se lleva de nuevo al horno unos siete u ocho minutos, cuidando que no se queme.

Es una auténtica "pizza marinera" almeriense.

TORTITAS DE MAÍZ

Tiempo: 40 minutos.

Ingredientes:

- 1 vaso y medio de agua o leche.
- 4 cucharadas de harina de maíz.
- 2 huevos frescos enteros.
- 1½ decilitro de aceite de oliva.
- ½ cucharadita de sal o una cucharada grande de azúcar, si se prefieren dulces las tortitas.

Preparación:

Se pone el agua o la leche a cocer y, para evitar grumos, antes de que hierva, se van echando las cucharadas de harina de maíz, poco a poco y removiendo, hasta lograr una pasta ligera.

Se deja que se enfríe la pasta y a continuación, se mezcla con los dos huevos batidos, removiendo para que homogeneice. Se van friendo las tortitas en aceite abundante, procurando que se doren sin quemarse.

HUEVOS

HUEVOS CON BACALAO Y PATATAS

Tiempo: 25 minutos.

Ingredientes:

- 400 gramos de bacalao.
- 4 patatas.
- 2 cebollas medianas.
- 4 huevos.
- 2 ramitas de perejil fresco.
- 1 decilitro de aceite de oliva.
- Sal y pimienta blanca.

Preparación:

Se tiene el bacalao en remojo desde la noche anterior, cambiándole el agua varias veces. Se pelan y se cortan en cuadraditos las patatas y las cebollas. Se ponen a freír y mediada la cocción, se desmenuza el bacalao y se incorpora, añadiendo seguidamente el perejil picado.

Se baten los huevos, se salpimientan y se incorporan unos veinticinco minutos después de iniciado el plato a la fritura que tenemos casi lista. Se cuaja la tortilla y antes de darle la vuelta con un plato u otra sartén plana, se quita el aceite sobrante y se cuaja por el otro lado.

Se sirve caliente.

TORTILLA DE HUEVOS

Tiempo: 20 minutos.

Ingredientes:

- 6 huevos frescos.
- 1 cebolla mediana.
- 2 ramas de perejil picado.
- 1 cucharadita de vinagre de vino.
- ¼ cucharadita de pimienta blanca molida.
- 3 cucharadas de aceite de oliva.
- ½ cucharadita de sal fina.

Preparación:

Se baten los huevos. Se pica la cebolla, se fríe ligeramente hasta que esté transparente y se deja que escurra bien.

Se añaden los huevos batidos, la cebolla frita, el perejil picado, la pimienta y la cucharadita de vinagre. En el aceite en que se hemos frito la cebolla –agregando un poco más si fuera necesario–, se cuaja la tortilla, que se servirá lo más caliente posible.

TORTILLA DE PIMIENTOS

Tiempo: 30 minutos.

Ingredientes:

- 4 patatas.
- 2 pimientos verdes.
- 5 huevos frescos.
- 1 cebolla.
- 2 ajos pelados.
- 1 decilitro de aceite de oliva.
- Sal y pimienta.

Preparación:

Se pelan las patatas y se cortan en cuadraditos. Se salpimientan y se echan en el aceite caliente para que empiecen a freír. Se cortan a tiras pequeñas los pimientos sin semillas y se pica fina la cebolla. Quince minutos después de haber puesto a freír las patatas, se vierten sobre las mismas la cebolla, los ajos picados y un poco de jamón serrano picado (si se desea).

Se baten los huevos y se cuajan a los veinte minutos de que hayan iniciado la fritura las patatas. Se retira un poco del aceite sobrante y se dora por ambos lados con auxilio de un plato llano o de una sartén plana.

PESCADOS Y MARISCOS

AJILIMOJE

Tiempo: 40 minutos.

Ingredientes:

- ¾ kg. de patatas.
- 200 gramos de bacalao asado o de pintarroja también seca y desmigada.
- 1 tomate maduro.
- 3 dientes de ajo pelados.
- 1 pimiento verde.
- ½ pimiento rojo.
- ½ decilitro de aceite.
- ½ cucharadita de cominos.
- 2 cucharadas de vinagre de vino.

Preparación:

Se escalda el tomate para quitarle la piel. Se ponen a cocer las patatas hasta que estén tiernas (unos 20 minutos). Se hace un majado con los dientes de ajo, los cominos, el tomate y los pimientos verde y rojo.

Una vez cocidas las patatas, se machacan con un tenedor y se mezclan con el majado que hicimos anteriormente.

Se asa el bacalao y se desmenuza (si se trata de pintarroja, se procede de igual forma). Se agrega el pescado desmenuzado a la mezcla de patatas cocidas y el majado. Se cubre con una generosa mezcla de aceite con las dos cucharadas de vinagre.

Se deja enfriar en la nevera o se sirve a la temperatura ambiente, según se prefiera.

ALMEJAS A LA MARINERA

Tiempo: 25 minutos.

Ingredientes:

- ½ kg. de almejas grandes.
- 1 cebolla.
- ½ pimiento verde.
- 2 tomates maduros.
- 1 vasito de vino blanco seco.
- 2 ramas de perejil picado.
- 3 cucharadas de aceite de oliva.
- Agua y sal.

Preparación:

Cualquier guiso de almejas tiene que venir precedido de un buen lavado de éstas. Al final, se dejan cubiertas con agua y una cucharadita de sal. La cocción se puede hacer en frío o mediante un refrito de la cebolla picada, los tomates y el pimiento verde que deseemos. En uno u otro casi, será un éxito el plato. Yo, sin embargo, prefiero el refrito con una cuchara sopera de harina para espesar la salsa.

Cuando las almejas hayan abierto, se espolvorean con el perejil picado y se sirven muy calientes.

ARROZ CON PULPO

Tiempo: 35 minutos.

Ingredientes:

- 200 gramos de arroz.
- 3 tomates maduros.
- ½ pimiento verde.
- 300 gramos de pulpo (2 patas grandes).
- ½ decilitro de aceite.
- ½ limón.
- ½ litro de caldo de pescado.
- 1 rama de perejil fresco.
- ½ cebolla.

Preparación:

Se pelan los tomates después de haberlos escaldado en agua caliente. Se pica la cebolla, los ajos y el perejil. Se pone a calentar el aceite y se rehoga la verdura picada. Se añade el medio limón con su cáscara y a continuación, se echa el caldo de pescado.

Cuando empiece a hervir, se vierte uniformemente el arroz y se deja en ebullición durante diez minutos. Pasado este tiempo, se echan los trozos de pulpo en rodajas, si éste es crudo. Si lo hicimos con pulpo previamente cocido, se añade al final.

Cuando esté reposando el arroz, se esparcen las rodajas de pulpo cocido por encima, al objeto de que éste no se endurezca.

BONITO CON TOMATE

Tiempo: 45 minutos.

Ingredientes:

- ¾ kg. de bonito en trozos.
- 1 cebolla mediana.
- 5 tomates maduros de tamaño regular. (También se puede utilizar tomate en conserva ya frito).
- 3 clavos.
- 2 cucharadas de harina.
- ½ decilitro de aceite.
- 1 hoja de laurel.
- Agua y sal.

Preparación:

Existen dos formas de preparar el bonito: en la primera, se cuece el pescado unos diez minutos con sal, los clavos y la hoja de laurel. Terminada la cocción, se retira el bonito y se reserva.

Aparte, se hace el tomate (limpio de piel), se fríe la cebolla una vez picada y se van pasando los trozos de bonito, limpios de piel y raspas al refrito de cebolla y tomate, rectificando de sal y dejándolos cocer unos diez minutos juntos.

La segunda forma consiste en sazonar los trozos de pescado, enharinarlos y freírlos (en vez de cocerlos) uniéndolos posteriormente al refrito de cebolla y tomate.

Si en esta fase se añade un trozo de pimiento verde a la cocción, se realza el sabor.

CALAMARES CON HABAS

Tiempo: 45 minutos.

Ingredientes:

- 1 kg. de calamares pequeños o chipirones.
- 1 kg. de habas verdes del tiempo o, fuera de este, una lata grande en conserva.
- 4 dientes de ajo pelados.
- 1 cucharadita de pimentón dulce.
- 1 copa de coñac.
- ½ limón.
- 1 rebanada de pan.
- 1 decilitro de aceite de oliva.
- 1 cucharadita colmada de harina.
- Sal y pimienta blanca.

Preparación:

En una cazuela de barro, se fríen los ajos y la rebanada de pan para posteriormente majarlos en el mortero. En el aceite utilizado se rehogan a fuego lento los calamares o chopitos; a continuación, se añaden las habas desgranadas o bien escurridas, si las utilizamos en conserva. Se salpimienta el guiso, y se le agrega el majado del mortero.

Añadimos un vaso grande de agua caliente o caldo de pescado y se deja cocer el guiso –al que habremos espolvoreado una cucharadita de harina– hasta que estén tiernos los calamares.

Si se desea, se puede añadir media ñora.

CALDERO DE ARROZ O FIDEOS

Tiempo: 35 minutos.

Ingredientes:

- 1 kg. de pescado menudo variado (gallineta, cabrilla, zafio, rascacio, etc.)
- 5 ajos pelados.
- 1 cebolla mediana.
- 1 pimiento verde.
- 1 tomate maduro.
- 1 pimiento de cornicabra.
- 3 o 4 patatas medianas en rodajas.
- 1 hoja de laurel.
- 1 vaso de vino.
- 1 trozo de pan.
- Unas hebras de azafrán.
- 5 granos de pimienta.
- Aceite, agua y sal.

Preparación:

Se prepara un majado con el pimiento de cornicabra, los ajos fritos y el pedazo de pan. Se maja bien y se reserva. Después, se pican bien las verduras y se rehogan ligeramente las patatas. Se mezcla el majado anterior con este refrito de las verduras.

Aparte, se cuece el pescado con la hoja de laurel, un poco de sal y algunos clavos. Cuando empieza a hervir, se vierte el refrito con el majado sobre el pescado hirviendo y acto seguido, se añade el arroz o los fideos. En el primer caso, se dejará hervir el caldero quince minutos y en el segundo, con ocho o diez minutos es suficiente.

CALDO DE BACALAO

Tiempo: 45 minutos.

Ingredientes:

- ½ kg. de bacalao, en trozos y sin espinas.
- 1 tomate maduro.
- 1 cebolla mediana.
- 1 huevo entero.
- 3 o 4 cucharadas de harina.
- 10 almendras peladas y crudas.
- 1 trozo de pan.
- 1 cucharadita de pimentón dulce.
- 1 cucharadita de perejil picado.
- 1 pimienta de cornicabra.
- 3 tazas de caldo de cocido o de pastilla.
- 1 hoja de laurel.

Preparación:

Se escalda el tomate para quitarle la piel. Se fríen las almendras crudas, el pimiento seco de cornicabra y el trozo de pan. Se fríen los trozos de bacalao –desalados desde unas doce horas antes–, rebozados previamente en harina y huevo. Se machacan en el mortero los ingredientes previamente fritos y en el cazo o cazuela de barro, se vierten los trozos de bacalao, los ingredientes machacados en el mortero y las tres tazas de caldo.

Se deja hervir todo unos diez minutos con la hoja de laurel y, si se prefiere, un poco de azafrán o colorante.

CALDO QUEMAO CON PESCADO

Tiempo: 35 minutos.

Ingredientes:

- ½ kg. de pescado variado.
- 2 pimientos verdes grandes.
- 2 tomates maduros.
- 1 cebolla grande.
- 2 pimientos secos de cornicabra.
- ¾ partes de una cucharadita de cominos.
- 150 gramos de pan del día anterior.
- ½ decilitro de aceite de oliva.
- 5 granos de pimienta negra.
- 3 ajos pelados.
- 1 vaso y medio de agua templada.
- 1 cucharadita de sal.

Preparación

Se asan los pimientos verdes, se pelan y seguidamente se ponen a cocer con el medio kilo de pescado bien limpio y sin raspas.

Se hace un majado con los pimientos secos, los ajos pelados y los cominos. Se pica muy bien la verdura restante, se hace un refrito y se añade el pescado cocido y el majado del mortero.

En el momento de servir muy caliente, se añaden unos cuadrados de pan, cortado menudo y ligeramente frito.

CROQUETAS DE BACALAO

Tiempo: 1 hora y media.

Ingredientes:

- 200 gramos de bacalao desmigado.
- 5 patatas bien cocidas.
- 1 huevo fresco completo.
- 100 gramos de pan rallado.
- 2 ramitas de perejil.
- 1 ajo.
- Aceite de oliva para freír.

Preparación:

Para desalar el bacalao, la noche anterior se pone en abundante agua, que se cambia dos veces más por lo menos. Al día siguiente, se desmigaja el bacalao, quitándole las posibles raspas.

Se cuecen bien las patatas y se machacan con un tenedor. Se les incorpora el bacalao, el ajo y el perejil picado y un par de cucharadas de leche, si fuera necesario. Se homogeneiza la mezcla con el huevo batido, dejándolo reposar unos minutos.

A continuación, con la mano o con dos cucharas, se van cogiendo trozos de la mezcla dándoles forma de croqueta o bola de pequeño tamaño. Se pasan por el pan rallado y se van friendo en el aceite hasta que tomen un buen color dorado.

Se comen mejor calientes que demasiado frías.

FIDEOS CON PESCADO MENUDO Y ALMEJAS

Tiempo: 40 minutos.

Ingredientes:

- 300 gramos de pescado menudo o de roca.
- 250 gramos de almejas.
- 200 gramos de fideos gordos.
- 1 tomate grande maduro.
- 1 cebolla mediana.
- 3 ajos pelados.
- 1 rama de perejil.
- 100 gramos de habas verdes o una lata pequeña en conserva.
- 100 gramos de guisantes.
- 150 de alcachofas pequeñas o, como en el caso de los guisantes y las habas, una lata en conserva.
- 1 cucharadita de pimentón dulce.
- Unas hebras de azafrán.
- 6 granos de pimienta.
- ½ decilitro de aceite.
- Agua y sal.

Preparación:

Se pone aceite en una sartén, se pica la verdura y se rehoga ésta junto a los guisantes, habas y alcachofas. Se sazona de sal y pimienta, añadiendo también las hebras de azafrán. Se vierte agua caliente (1 litro aproximadamente) y cuando haya hervido unos diez minutos, se añaden los fideos y posteriormente el pescado y las almejas. Se deja cocer todo durante unos quince minutos, rectificando de sal si fuera necesario.

GUISADO DE PULPO ALPUJARREÑO

Tiempo: 1 hora.

Ingredientes:

- 4 patatas medianas.
- ½ kg. de pulpo.
- 300 gramos de garbanzos en remojo.
- 1 cebolla mediana.
- 2 tomates maduros.
- ½ pimiento verde.
- ½ pimiento rojo.
- 1 cucharadita colmada de pimentón picante.
- ½ cucharadita de cominos.
- 6 pimientas en grano, verdes o negras.
- 200 gramos de gurullos, caseros o comprados en el comercio.
- 6 hebras de azafrán.
- 4 cucharadas de aceite.
- 2 hojas de laurel.
- Agua y sal.

Preparación:

En un recipiente hondo, se pone el pulpo troceado, los garbanzos (remojados desde la noche anterior) y las hojas de laurel. Se deja hervir unos tres cuartos de hora, y se añaden las patatas en rodajas, los gurullos y el azafrán.

Se fríe aparte la cebolla picada, los pimientos troceados, los tomates picados, los granos de pimienta y los cominos. Se maja el refrito en el mortero y se vierte en el guiso, dejándolo hervir todo unos diez minutos más. Se corrige de sal si fuera necesario y se sirve.

GUISO DE GARBANZOS CON JIBIAS

Tiempo: 50 minutos.

Ingredientes:

- 200 gramos de garbanzos remojados desde la víspera.
- 2 o 3 jibias medianas.
- 150 de judías verdes.
- 1 trozo de calabaza sin cáscara.
- 1 cebolla mediana.
- 1 tomate maduro.
- 1 pimiento verde.
- 4 ajos pelados.
- 1 hoja de laurel.
- ½ decilitro de aceite de oliva.
- 5 pimientas en grano.
- Agua y sal.

Preparación:

Se ponen todos los ingredientes convenientemente deshebrados y troceados. Se vierte el aceite y se echan los granos de pimienta, la sal y el laurel. Se cubre de agua. y, cuando empiece a hervir, se agregan las jibias limpias y troceadas.

Se deja al fuego hasta que estas últimas estén tiernas.

GUISO MARINERO O BULLABESA ALMERIENSE

Tiempo: 50 minutos.

Ingredientes:

- ½ kg. de pescado de roca.
- ¼ kg. de gambas.
- ½ kg. de mejillones.
- ¼ kg. de almejas o chirlas.
- 1 cebolla mediana.
- 1 tomate maduro.
- 1 cucharadita colmada de pimentón picante.
- 5 ajos pelados.
- 1 vasito pequeño de vino blanco.
- 1 bote de alioli del que se vende en el comercio.
- 150 gramos de pan frito en pequeñas lonchas.
- 1 hoja de laurel.
- Agua y sal.

Preparación:

Se pone el pescado, una vez limpio, en un recipiente con agua. Se hace aparte un refrito con la cebolla picada, el tomate sin piel, y los ajos machacados en el mortero con un poco de sal y unos granos de pimienta negra. Una vez hecho el refrito, se vierte sobre el pescado y se pone éste a hervir, junto al laurel. Se fríe el pan en pequeñas lonchas y se reserva. Con el bote de alioli y el vino, junto al caldo de haber hervido el pescado, se prepara una sopa ligera que se sirve con el pan frito. Aparte, dispuesto en una fuente amplia, se sirve el pescado cocido, quitando una de las valvas a los mejillones.

GUISO DE MERO

Tiempo: 50 minutos.

Ingredientes:

- ¾ kg. de mero.
- 3 patatas medianas.
- ½ cebolla mediana.
- ½ pimiento morrón asado.
- 100 gramos de guisantes.
- 4 ajos pelados.
- 1 cucharada de harina.
- 4 clavos.
- 1 cucharadita de vinagre.
- 1 decilitro de aceite de oliva.
- 2 ramitas de perejil.
- Sal y pimienta blanca.

Preparación:

Se trocea el mero y se salpimienta. Se cuecen aparte las patatas en agua con sal. Mientras se hacen las patatas, se pican finamente los ajos, la media cebolla y las ramas de perejil. Una vez cocidas las patatas –unos veinte minutos–, se pelan y se cortan en rodajas de un centímetro de espesor. Se pone aceite en una sartén amplia y se rehogan los ajos, el picado de cebolla y el perejil. Se agregan las rodajas de patata, los trozos de mero salpimentados, los clavos, los guisantes y, finalmente, el pimiento morrón cortado en tiras finas. Se deja que cueza el pescado, se añaden unas cinco cucharadas de agua caliente y se espolvorea el caldo con harina para espesarlo.

Se sirve bien caliente.

GUISO DE PESCADO CON ALIOLI

Tiempo: 40 minutos.

Ingredientes:

- ¾ kg. de pescado menudo variado.
- 3 patatas medianas.
- 1 tomate maduro.
- 1 cebolla mediana.
- 6 dientes de ajo pelados.
- 2 ramas de perejil.
- 1 huevo fresco.
- Zumo de medio limón.
- 1 taza de aceite de oliva.
- 1 cucharadita de sal.

Preparación:

Se pican las verduras finamente. Se pelan las patatas y se cortan en rodajas grandes. Se ponen a hervir todos los ingredientes en un puchero o recipiente hondo con agua y una cucharada de aceite. A mitad de cocción –unos quince minutos–, se vierte el pescado menudo y se deja cocer otros diez minutos.

Mientras se enfría el guiso, se hace el alioli con los dientes de ajo pelados, la taza de aceite de oliva, una cucharada de agua, la clara de huevo y la cucharadita de sal. Se bate, si se tiene buen pulso, o –más cómodo–, se deja este trabajo a la batidora.

El guiso de pescado ya se habrá enfriado y se deslíe lentamente el alioli preparado, mientras movemos regularmente para evitar grumos.

GUISO DE SALMONETES

Tiempo: 50 minutos.

Ingredientes:

- ¾ kg. de salmonetes.
- 1 cebolla mediana.
- 1 hoja de laurel.
- 2 ramitas de perejil fresco.
- 2 patatas medianas.
- 1 o 2 zanahorias.
- 1 vaso de vino blanco.
- 1 decilitro de aceite de oliva.
- 1 cucharada de harina.
- 2 vasos de agua o caldo de pescado.
- Sal y pimienta blanca.

Preparación:

Se cuecen aparte las patatas y las zanahorias. Mientras tanto se corta la cebolla en aros y se pica finamente el perejil. Se pelan las patatas y se cortan en rodajas de un centímetro aproximadamente. Se hace lo mismo con la zanahoria. En una cazuela de barro plana, se vierte el aceite y se rehoga ligeramente la cebolla y el perejil. Se hace un fondo con las patatas y la zanahoria y se colocan sobre este fondo los salmonetes bien limpios y descamados. Después de unos minutos, se vierten sobre ellos los vasos de agua y vino blanco. Se espolvorea con la harina, moviendo con una cuchara de palo para evitar grumos.

Se deja hervir hasta que los salmonetes –que habremos salpimentado previamente– estén en su punto.

GUISO DE QUISQUILLAS

Tiempo: 20 minutos.

Ingredientes:

- ½ kg. de quisquillas frescas.
- 4 ajos pelados.
- 1 cucharada de perejil picado.
- ½ cebolla.
- ¼ litro de vino blanco seco.
- ½ decilitro de aceite de oliva.
- ¼ de cucharadita de pimienta blanca.
- 1 cucharadita de sal fina.

Preparación:

Se prepara un majado con los ajos, la sal, el perejil y la media cebolla picada. En una fuente de barro plana con el aceite caliente se rehoga lo que majamos en el mortero.

Cuando la cebolla esté transparente, se vierten las quisquillas distribuyéndolas bien y dejándolas freír unos minutos al tiempo que se las remueve con una cuchara de palo.

MERO CON GUISANTES

Tiempo: 25 minutos.

Ingredientes:

- 1 kg. de mero fresco.
- ½ pimiento morrón asado.
- ½ pimiento verde asado.
- 500 gramos de guisantes del tiempo o 2 latas pequeñas si son en conserva.
- ½ cebolla.
- 5 cucharadas de harina.
- 1 huevo.
- 1 decilitro de aceite de oliva.
- 1 vaso de agua templada.
- Sal y pimienta blanca.

Preparación:

Se enharinan los trozos de mero limpios, secos con papel de cocina y previamente salpimentados. Se pasan los trozos de pescado enharinado por el huevo batido, al que podemos añadir si se desea, una cucharada de leche. Se fríe el pescado y se va colocando en una cazuela de barro plana. Se pica la cebolla y se fríe en la sartén del pescado, se añaden los guisantes y se rehogan ligeramente.

Se vierte el refrito sobre la cazuela con el mero, añadiendo optativamente unas rodajas de limón.

Se vierte el vaso de agua templada y se deja cocer todo unos diez o doce minutos.

PATATAS ENCEBOLLADAS CON PESCADO

Tiempo: 45 minutos.

Ingredientes:

- 5 patatas medianas.
- 300 gramos de caballa o rape.
- 1 cebolla mediana.
- 1 tomate grande maduro.
- 4 ajos pelados.
- 2 hojas de laurel.
- 4 clavos.
- Unas ramitas de perejil.
- 5 hebras de azafrán.
- ½ cucharadita de orégano.
- ½ del de aceite.
- 5 granos de pimienta negra.
- Agua y sal.

Preparación

Se pelan las patatas y se cortan en rodajas de un centímetro aproximadamente. En un recipiente amplio o en cazuela de barro, se ponen la cebolla bien picada, los ajos igualmente picados, el tomate sin piel, los clavos, la pimienta, el orégano y les hebras de azafrán. Se rehogan ligeramente las rodajas de patatas, se cubre todo con agua templada y se agrega una cucharadita de sal. Cuando las patatas estén cocidas –20 minutos después– se pone el pescado en trozos y se deja cocer hasta el final, otros doce minutos.

PESCADO AL HORNO AL ESTILO ALMERIENSE

Tiempo: 40 minutos.

Ingredientes:

- ¾ o 1 kg. de pescado (lenguados, bacalaítos, mero, rosada, etc.)
- 4 o 5 patatas medianas.
- 2 cebollas.
- 2 tomates maduros.
- 4 ajos pelados.
- 1 pimiento verde y otro rojo.
- 25 gramos de piñones.
- 1 vasito de vino blanco seco.
- 1 limón.
- 2 hojas de laurel.
- 250 gramos de almejas o chirlas.
- ½ kg. de mejillones.
- ½ cucharadita de pimienta blanca.
- Aceite.
- ½ cucharadita de sal fina.

Preparación:

A este tipo de pescado al horno le llaman en Almería "cuajaderas", sin que yo conozca el origen de tal denominación. Se pelan las patatas y se cortan en rodajas. Se limpian las almejas y los mejillones, a los que dejaremos una sola valva o concha. Se ponen las rodajas de patata de base y encima se pican los ajos, los tomates y cebollas en rodajas finas y los piñones. Se salpimienta todo y se rocía seguidamente con aceite y el vino blanco, se coloca el pescado encima y se mete en el horno hasta que las patatas estén en su punto.

PULPO AL AJILLO

Tiempo: 1 hora.

Ingredientes:

- 1 kg. de pulpo en rodajas y bien limpio.
- 12 almendras crudas.
- 1 pimiento de cornicabra.
- 4 ajos pelados.
- 1 tomate maduro.
- 1 rebanada de pan.
- 1 cucharadita colmada de pimentón.
- 1 decilitro de aceite de oliva.
- 1 vaso de agua templada.
- ¼ de cucharadita de cominos.
- Sal y un poco de pimienta blanca.

Preparación:

Se limpia y trocea el pulpo. Se escalda el tomate para quitarle la piel. Se fríen los ajos pelados, el pan y el pimiento de cornicabra y se majan todos los componentes en el mortero. Se ponen los trozos de pulpo, el majado, etc., se salpimienta moderadamente y se rehoga todo un poco, espolvoreándolo con el pimentón.

Se vierte el vaso de agua y se deja hervir el conjunto hasta que esté en su punto (una media hora o tres cuartos de hora, según el tamaño del pulpo que hemos guisado).

Si se quedase muy seco, se puede añadir un poco de agua caliente.

PULPO A LA ALMERIENSE

Tiempo: 1 hora y media aproximadamente.

Ingredientes:

- 1 kg. de pulpo.
- 2 hojas de laurel.
- 2 tomates maduros.
- 1 cebolla mediana.
- 5 ajos pelados.
- 1 vaso y medio de vino blanco seco.
- ½ decilitro de aceite de oliva.
- 1 cucharadita de pimentón dulce.
- Agua y sal.

Preparación:

Se pone el pulpo entero con los distintos ingredientes y se deja hervir hasta que esté tierno (dependerá del tamaño del pulpo y de que esté más o menos fresco). Se le quita la piel una vez sacado del agua y se trocea en rodajas, situando las extremidades en el centro del plato.

Se puede comer caliente, espolvoreado de pimentón sin exagerar, o servirlo frío.

PULPO CON GARBANZOS

Tiempo: 1 hora y media aproximadamente.

Ingredientes:

- ¾ kg. de pulpo pequeño.
- 300 gramos de garbanzos en remojo.
- 4 ajos pelados.
- 250 gramos de pencas de acelga con poca hoja.
- 1 pimiento de cornicabra.
- 1 pimiento verde.
- 1 o 2 tomates maduros.
- 6 hebras de azafrán.
- ½ cucharadita de pimienta negra.
- Aceite, sal y agua.

Preparación:

Se limpia el pulpo y se golpea con un mazo de madera para que esté más tierno. Se pone a cocer con los garbanzos, mantenidos en remojo desde la noche anterior, y con las pencas de acelga deshebradas y cortadas en trozos regulares.

Se hace un majado con los ajos refritos, el pimiento de cornicabra, el azafrán y la pimienta. Se corta menudo el pimiento verde y el tomate, incorporándolos al guiso junto con el majado.

Se sazona de sal y se deja completar el guiso hasta que el pulpo esté tierno.

RAPE CON PATATAS

Tiempo: 45 minutos.

Ingredientes:

- 300 gramos de rape limpio de piel y espinas.
- 500 gramos de patatas.
- 6 granos de pimienta verde o negra.
- 1 cebolla.
- ½ limón
- 1 tomate maduro.
- 1 rebanada de pan.
- 12 almendras.
- 6 hebras de azafrán.
- ¾ de cucharadita de cominos.
- ½ decilitro de aceite de oliva.
- Agua y sal.

Preparación:

Se pone a hervir el rape con media cebolla cruda, un poco de sal y el medio limón. A los veinte minutos estará en su punto, momento en que se saca y se reserva. Se cuela el caldo y en el mismo se ponen a cocer las patatas cortadas en rodajas. Se hace un majado con el tomate picado, la rebanada de pan frito, las almendras, el azafrán y la punta de cucharadita de cominos. Según gusto, se puede agregar un poco de pastilla de caldo de pescado para reforzar el sabor.

Se dejan hacer las patatas, añadiéndoles el sofrito y, finalmente, el rape reservado en trozos. Se deja hervir unos minutos más todo junto.

RAPE EN SALSA

Tiempo: 1 hora.

Ingredientes:

- ¾ kg. de rape en trozos.
- 12 almendras crudas.
- 2 tomates maduros.
- 1 rebanada de pan frito.
- 3 ramitas de perejil fresco.
- 4 ajos pelados.
- 6 hebras de azafrán.
- ½ decilitro de aceite de oliva.
- 1 vaso grande de agua.
- Sal y pimienta blanca.

Preparación:

Se escaldan los tomates para quitarles la piel. Se fríe la rebanada de pan y el resto de la verdura y se pone en el mortero junto con el azafrán, el perejil y las almendras. Se echa un poco de sal y se maja hasta lograr una pasta homogénea.

Se añade un vaso de agua y los trozos de rape salpimentados y se deja cocer todo hasta que se reduzca la salsa, durante unos quince minutos. Se vierte encima el majado y se remueve con ambas manos el recipiente para que se distribuya convenientemente.

REMOJÓN

Tiempo: 25 minutos.

Ingredientes:

- 200 gramos de bacalao crudo y sin raspas.
- 5 cebolletas.
- 2 naranjas.
- 2 cucharadas de vinagre de vino.
- 3 cucharadas de aceite de oliva.
- ½ cucharadita de sal.
- ½ cucharadita de pimentón dulce.

Preparación:

Se pica la cebolleta muy fina. Se desmiga menudo el bacalao quitándole las posibles raspas. Se pelan las naranjas y se separan los gajos o se cortan en finas rodajas, según se desee.

A continuación, se adereza el conjunto con aceite y vinagre, espolvoreándolo por último con la sal y el pimentón.

En el momento de servir, se remueve ligeramente.

SALMONETES AL HORNO

Tiempo: 35 minutos.

Ingredientes:

- 1 kg. de salmonetes.
- 1 cebolla mediana.
- 100 gramos de guisantes de lata.
- 1 vasito de vino blanco seco.
- 1 cucharada de mantequilla.
- 1 cucharada de pan rallado.
- 1 cucharada de perejil picado.
- El zumo de ½ limón y otro para adornar.
- ½ cucharadita de pimienta blanca.
- 2 cucharadas de aceite de oliva.
- Sal.

Preparación:

Se limpian bien los salmonetes y se secan con papel de cocina. En la fuente de horno que vayamos a emplear, se colocan en el fondo los guisantes, que se rocían de aceite.

Se disponen encima los salmonetes y al final, se hace una salsa fluida de mantequilla y zumo de limón. Se riegan los salmonetes con esta salsa, espolvoreándolos con perejil picado y pan rallado.

Se llevan a horno mediano unos veinticinco minutos, y se sirven muy calientes.

SARDINAS EN ESCABECHE

Tiempo: 40 minutos.

Ingredientes:

- ¾ kg. de sardinas medianas.
- 7 cucharadas de aceite.
- 1 cáscara de limón o de naranja.
- 3 vasitos de vinagre de vino.
- ¾ de cucharadita de pimienta negra molida.
- 3 ajos pelados.
- 2 hojas de laurel.
- Sal.

Preparación:

Se descaman y limpian las sardinas, quitándoles las tripas. Se les pueden dejar las cabezas o quitárselas, según gusto.

En una cazuela de barro, se ponen las cucharadas de aceite, se pican los dientes de ajoy se agregan las hojas de laurel, la cáscara de limón o naranja y la pimienta molida. Se colocan las sardinas en círculo con la misma posición.

Se vierten sobre las mismas los vasitos de vinagre de vino y se llevan a cocer, tapadas, durante 30 minutos.

Se sirven calientes o frías.

SARDINAS EN ESCABECHE

Tiempo: 30 minutos.

Ingredientes:

- ½ kg. de sardinas medianas y frescas.
- 1 decilitro de aceite de oliva.
- 6 ajos pelados.
- 100 gramos de miga de pan.
- ½ decilitro de vinagre de uva.
- 2 hojas de laurel.
- ¼ de cucharadita de azafrán.
- Agua.
- Sal y pimienta blanca.

Preparación:

Se salpimientan las sardinas una vez limpias, se enharinan y se fríen. En el mismo aceite empleado, se fríen los seis ajos pelados, la miga de pan y las dos hojas de laurel. Se moja todo en el vinagre y se machacan los componentes hasta obtener una pasta fina.

Se agrega el azafrán y se vierte todo sobre las sardinas, que se cubren con agua y varias cortezas de limón. Se deja cocer unos diez minutos.

Este plato se toma frío o caliente, pero preferentemente de la primera forma.

SARDINAS EN ESCABECHE

Tiempo: 30 minutos.

Ingredientes:

- ¾ kg. de sardinas medianas bien frescas.
- 4 ajos picados.
- 2 hojas de laurel.
- 1 cáscara de limón.
- 2 ramitas de perejil fresco.
- 1 vasito de vinagre de uva.
- 1 vasito de aceite de oliva.
- Sal y pimienta blanca.

Preparación:

Se limpian las sardinas, dejándoles opcionalmente la cabeza. En una cazuela de barro plana, se alinean decorativamente aquéllas con la cabeza hacia los bordes. Si nos sobraran algunas se ponen en el centro. Se pican los ajos y el perejil, y se colocan las hojas de laurel una frente a la otra.

Se cubren con el aceite y el vinagre, una vez salpimentadas, y se dejan cocer unos treinta minutos, hasta que se evapore el vinagre.

La cáscara de limón dará su perfume al final de nuestro guiso.

SARDINAS O BOQUERONES RELLENOS

Tiempo: 45 minutos.

Ingredientes:

- ¾ kg. de sardinas o boquerones.
- 2 huevos duros.
- 3 ramitas de perejil fresco.
- 2 ajos pelados.
- 50 gramos de miga de pan.
- 1 limón.
- 1 decilitro de aceite de oliva.
- Sal y pimienta blanca.

Preparación:

Se limpia y destripa el pescado. Si elegimos las sardinas, habrá que descabezarlas y descamarlas. Se les quita la raspa central y se rellena con huevo duro, perejil y ajo picado y los cincuenta gramos de miga de pan, homogeneizando este relleno con zumo de limón.

Si decidimos rellenar boquerones, una vez limpios éstos y descabezados, se encararán de dos en dos poniendo el relleno en medio. Se enharinan con cuidado y se fríen en abundante aceite. Para evitar que se salga el relleno, cerraremos con unos palillos quitándolos cuando estén fritos.

El limón que utilizamos, en finas rodajas, será un excelente adorno para la fuente de pescado frito lograda.

CARNES Y CAZA

AJILLO CABAÑIL

Tiempo: 1 hora y cuarto.

Ingredientes:

- 1 kg. de conejo o de choto.
- 24 almendras peladas.
- 2 tomates secos.
- 5 o 6 granos de pimienta negra.
- 2 hojas de laurel.
- 1 pimiento de cornicabra.
- ½ litro de vino blanco o tinto.
- 1 decilitro de aceite.
- ½ vasito de agua.
- Sal.

Preparación:

En una cacerola amplia se pone el aceite y se echa al mismo la carne troceada en forma regular, las almendras, los tomates secos, el pimiento de cornicabra troceado y los granos de pimienta y el laurel. Con una cuchara de madera se mueve el guiso hasta que la carne esté bien pasada. En este momento, se añade el medio litro de vino blanco o tinto y se deja cocer hasta que esté tierna la carne.

Si se evaporase mucho el vino (porque el fuego esté muy fuerte), se puede añadir un poco de agua al guiso.

Se sirve caliente con una guarnición de patatas al vapor o verdura en ensalada.

AJILLO CABAÑIL

Tiempo: 1 hora y media.

Ingredientes:

- 1 kg. de carne de cordero, conejo o incluso ave de carne dura: pavo, por ejemplo.
- 1 pimiento de cornicabra.
- 2 tomates secos.
- 2 hojas de laurel.
- ½ decilitro de aceite de oliva.
- 20 almendras peladas y cortadas en trozos.
- 1 vaso de vino blanco seco o tinto suave.
- Sal y pimienta al gusto.

Preparación:

Se pone el medio decilitro de aceite en una cazuela de barro y se rehogan los trozos de carne salpimentados. Se añaden el pimiento de cornicabra, los tomates secos, las hojas de laurel y las almendras cortadas en trozos.

Se deja hacer la carne lentamente hasta que esté bien rehogada, removiéndola de vez en cuando con la rasera. Se vierte en este punto el vaso de vino blanco o tinto y se deja cocer a fuego suave hasta que la carne esté en su punto.

Se rectifica de sal y pimienta si fuera preciso.

CORDERO CON PATATAS

Tiempo: 1 hora y 10 minutos.

Ingredientes:

- 1 kg. de patatas.
- ½ kg. de carne de cordero.
- 5 ajos pelados.
- 6 granos de pimienta verde o negra.
- 6 hebras de azafrán.
- ½ rama de canela.
- 2 ramitas de perejil fresco.
- 1 vasito de vino blanco seco.
- 1 decilitro de aceite de oliva.
- 1 cebolla mediana.
- 1 pimiento verde.
- Agua y sal.

Preparación:

Se pican la cebolla y el pimiento verde y se rehogan un poco en el recipiente en que va a hervir el cordero. Se echan los trozos de carne de cordero, particularmente falda o costilla, rehogándolos un poco en la cebolla y pimiento picados. Se cubren con agua, se agregan los ajos, la pimienta, las ramas de perejil fresco y el medio bastón de canela en rama. Se vierte, igualmente, el medio vaso de vino blanco seco. Se deja cocer hasta que la carne esté tierna (aproximadamente unos cincuenta minutos). Si se desea espesar el caldo, se cortan las patatas de forma que se libere el almidón (corte de la patata y arranque del casco) o se remueve una cucharada de harina. Se echa un poco de agua templada al guiso y se vierten las patatas cortadas. Se deja cocer todo unos veinte minutos más y se sirve caliente.

ESTOFADO DE CARNE DE TORO

Tiempo: 1 hora y 30 minutos aproximadamente.

Ingredientes:

- 1 kg. de carne de tiro troceada.
- ½ kg. de patatas.
- 12 granos de pimienta negra.
- 6 ajos pelados.
- 2 hojas de laurel.
- 1 tomate maduro.
- ½ pimiento verde.
- 1 pimiento seco.
- ½ bastón de canela en rama.
- 1 vaso de vino blanco seco.
- 1 cucharadita de sal fina.
- 1 decilitro de aceite.
- 1 cucharada de harina.
- 1 vaso de agua.

Preparación:

Se corta la verdura y se pica finamente. A continuación se rehoga, añadiendo los trozos de carne para que se impregnen y rehoguen también. Se añade el tomate pelado y cortado, la pimienta, los ajos y el pimiento seco y la canela. Se cubre con el vaso de vino y el vaso de agua. Si se desea, se agrega una cucharada de harina para espesar la salsa. La cocción durará más o menos, según la edad de la res, pero, en caso necesario, se añade un poco de agua y se deja hasta que la carne esté tierna.

Las patatas pueden hervirse o freírse, según gusto y paciencia.

GALLINA EN PEPITORIA

Tiempo: 1 hora y 15 minutos.

Ingredientes

- 1 gallina troceada.
- 1 cebolla mediana.
- 3 ajos pelados.
- 1 ramita de perejil fresco.
- 1 docena y media de almendras peladas.
- 1 rebanada de pan.
- ¾ de cucharadita de cominos.
- 2 cucharadas de limón.
- 2 huevos duros.
- ½ cucharadita de canela en polvo.
- 6 hebras de azafrán.
- 1 decilitro de aceite.
- Sal, pimienta y agua.

Preparación

Se pone el aceite en el recipiente en que vamos a hacer la gallina en pepitoria. Se pica la cebolla y se rehogan los trozos de carne enharinados junto con la cebolla picada. Aparte, en el almirez, se hace un majado con los ajos, un poco de sal, el perejil, las almendras ligeramente fritas y la rebanada de pan frito. Se maja bien todo y se añaden los cominos, las cucharadas de zumo de limón, las hebras de azafrán, un poco de pimienta y los huevos duros. Este majado se vierte sobre el rehogado de carne y cebolla, añadiendo el agua suficiente para cubrir el guiso. Se deja cocer todo a fuego lento hasta que la carne esté tierna.

GUISADO DE LIEBRE

Tiempo: 1 hora.

Ingredientes:

- 8 trozos de liebre (también puede utilizarse conejo).
- 3 pimientos verdes de asar.
- ½ pimiento morrón.
- 1 cebolla mediana.
- 250 gramos de habas frescas desgranadas.
- 1 pimiento de cornicabra.
- 1 cucharadita de pimentón dulce o picante, según gusto.
- 3 ramitas de perejil.
- 2 hojas de laurel.
- 6 o 7 hebras de azafrán.
- 1 o 2 tomates maduros.
- 1 decilitro de aceite de oliva.
- Sal, pimienta y agua.

Preparación:

En una cazuela con aceite se ponen las presas de liebre, enharinadas, se rehogan bien, y se reservan. En el aceite empleado, se fríe el pimiento de cornicabra y se reserva. Se asan los tres pimientos verdes. Se escaldan los tomates, se les quita la piel y se pican en unión de la cebolla y el perejil. Se rehogan en el aceite estas verduras, incorporando entonces las habas desgranadas.

Se salpimienta la carne y se incorpora al rehogado que tenemos en la sartén junto con el laurel y el azafrán.

Se cubre con agua y se deja hacer.

HÍGADO EN SALSA

Tiempo: 1 hora y 10 minutos.

Ingredientes:

- 1 kg. o ¾ de hígado.
- 12 almendras peladas.
- 1 cebolla grande.
- 2 tomates maduros.
- 1 pimiento de cornicabra.
- 1 rebanada de pan del día anterior.
- 1 cucharadita colmada de harina.
- 6 granos de pimienta.
- Guarnición de patatas fritas.
- 1 ½ decilitro de aceite de oliva.
- 1 cucharada de vinagre.

Preparación:

Se escaldan los tomates para quitarles la piel. Se limpia y trocea el hígado en pedazos no muy grandes.

En una cazuela de barro plana, se fríen las patatas de guarnición que se reservan y después, los trozos de hígado, que se sacan también. En el aceite utilizado se fríe el pimiento de cornicabra y la rebanada de pan, y se majan en el mortero. Se pican los tomates y cebolla y se rehogan, agregando después el hígado que hemos frito.

Se pone sal, pimienta y la cucharadita de harina y el vinagre. Se añade un poco de agua o vino blanco y se deja hervir el guiso hasta que esté en su punto.

LOMO ADOBADO

Tiempo: 24 horas y el tiempo de pasarlo por la sartén después.

Ingredientes:

- ¾ kg. de lomo de cerdo.
- 4 ajos pelados.
- 2 hojas de laurel.
- 1 cucharadita colmada de canela en polvo.
- 1 limón partido.
- Aceite de oliva.
- Sal y pimienta.

Preparación:

Se corta el lomo en filetes no muy grandes y de forma regular. Se colocan en un recipiente profundo y se ponen encima la canela espolvoreada, el limón partido en dos con su cáscara, las hojas de laurel, sal y pimienta, así como los cuatro ajos pelados. Se cubren con aceite de oliva y se deja el lomo en este aliño.

A las veinticuatro horas siguientes se utiliza pasado por la sartén con guarnición de patatas a lo pobre.

El aceite utilizado para aliñar el lomo puede, asimismo, utilizarse para hacer una salsa de la forma que se prefiera.

PICADILLO

Tiempo: 2 horas y 10 minutos.

Ingredientes:

- 1 kg. de carne de cerdo.
- 250 gramos de tocino o panceta.
- 1 cebolla grande.
- 2 tomates maduros.
- 50 gramos de piñones.
- 3 dientes de ajo pelados.
- ½ palo de canela en rama.
- 1/3 de cucharadita de nuez moscada en polvo.
- 1 pimiento verde.
- 2 ramas de perejil fresco.
- 6 granos de pimienta negra.
- 6 hebras de azafrán,
- 1 vaso de vino blanco seco.
- 1 decilitro de aceite de oliva.
- Sal y pimienta.

Para adornar: unos picatostes fritos y unos huevos duros en rodajas.

Preparación:

Se corta la carne y el tocino o panceta en cuadrados o taquitos pequeños. Se escaldan los tomates para quitarles la piel y se pican después, junto a los ajos, el perejil y el pimiento verde. Se fríe la carne en el aceite de oliva y se agregan las verduras picadas, la pimienta en grano, la sal y pimienta y, finalmente, el vino blanco y la canela. Cuando esté hecha la carne, se adorna en la fuente con el pan frito y los huevos.

RIÑONES EN TORTILLA

Tiempo: 45 minutos.

Ingredientes:

- 6 riñones.
- 6 huevos enteros.
- ½ cebolla.
- 3 ramitas de perejil fresco.
- 1 decilitro de aceite de oliva.
- Sal y pimienta.

Preparación:

Se limpian muy bien los riñones y se filetean muy finos. Se secan con papel de cocina y posteriormente se salpimientan a gusto de cada cual. En una sartén amplia se rehogan en el aceite, se sacan y se reservan. En el mismo aceite se rehogan la cebolla muy picada y las tres ramas de perejil. En este punto se baten los huevos y se cuajan en la sartén, extendiéndolos con la rasera.

Cuando esté cuajada la tortilla, se distribuyen sobre ella los riñones fritos. Se pliega un extremo de la tortilla sobre el otro, ayudándonos de la rasera y sin que se nos queme.

Se sirve inmediatamente.

TERNERA EN SALSA

Tiempo: 1 hora.

Ingredientes:

- 8 filetes de ternera cortados muy finos.
- 8 lonchas de jamón entreverado de tocino.
- 1 cebolla grande.
- 2 zanahorias.
- 2 cucharadas de harina.
- 2 huevos enteros.
- 1 cucharadita de pimentón dulce.
- 1 cucharada de mantequilla
- 5 cucharadas de aceite de oliva.
- Guarnición de patatas fritas.

Preparación:

Se enrollan los filetes finos de ternera con su correspondiente loncha de jamón y se sujetan con hilo de cocina. Se enharinan, se pasan por el huevo batido y se reservan. En una sartén honda se derrite la cucharada de mantequilla, añadiéndole las cucharadas de aceite de oliva. Se doran los filetes enrollados y se sacan aparte. A continuación, se rehogan la cebolla y las dos zanahorias (si las hemos cocido previamente será más fácil). Se espolvorean las dos cucharadas de harina, se pasa esta preparación por el chinoy se vierte en la cazuela en que va a cocer la carne. Se añaden unas cucharadas de agua (cinco o seis) y se ponen en esta salsa los filetes reservados. El guiso estará listo a los veinte minutos aproximadamente. Se rectifica de sal, si es preciso.

SALSAS

ADOBO PARA PREPARAR EL PESCADO

Tiempo: 15 minutos.

Ingredientes:

- 4 o 5 ajos pelados.
- 1 cucharadita colmada de pimentón dulce.
- 1 cucharadita de orégano.
- 1 hoja de laurel
- ½ o 1 cucharadita de sal, a gusto.
- ½ cucharadita de cominos.
- 2 ramitas de perejil fresco.
- 3 cucharadas de aceite de oliva.
- 3 cucharadas de vinagre.
- 6 hebras de azafrán.

Preparación:

Se majan en el mortero los ajos, añadiéndoles la sal, un poco de pimienta, el orégano, las ramas de perejil y los cominos. Se remueve y se agregan el aceite, el vinagre, la hoja de laurel y las hebras de azafrán.

Se vierte esta salsa sobre el pescado que vamos a adobar, y se rebaja con un par de cucharadas de agua para que la salsa se extienda bien. Se deja el pescado adobado de esta manera tres horas como mínimo antes de freírlo.

Si se prefiere, podemos secarlo con papel de cocina antes de freírlo; así, el sabor será más suave.

SALSA DE AJOBLANCO

Tiempo: 15 minutos.

Ingredientes:

- 2 ajos pelados.
- 12 o 15 almendras peladas.
- 2 yemas de huevo.
- 1 vasito de aceite.
- ½ limón.
- Sal.

Preparación:

Para preparar esta salsa se puede utilizar una batidora a fin de ganar tiempo, o puede hacerse al modo clásico, que es más distraído: se machacan bien los ajos y las almendras en un mortero grande, se añaden las yemas de huevo y después, moviendo siempre en la misma dirección y regularmente, se va vertiendo poco a poco el aceite como si fuera una mayonesa. Se incorpora también el zumo del medio limón moviendo circularmente con un tenedor o una espátula.

Esta salsa se utiliza con el pescado frito o cocido, pero también con las carnes asadas y cocidas.

SALSA PARA EL PESCADO COCIDO O FRITO

Tiempo: 15 minutos.

Ingredientes:

- 5 cucharadas de mantequilla.
- 3 ramitas de perejil fresco.
- 1 limón.

Preparación:

Se derriten las cucharadas de mantequilla y se vierten en un bol pequeño. Se pican muy menudo las ramas de perejil desprovistas del tallo. Se exprime el zumo de limón y, junto al perejil picado, se echa en el bol en que está la mantequilla fundida. Con un tenedor se mezcla muy bien la salsa obtenida, que se sirve con el pescado bien cocido o frito.

POSTRES Y DULCES

ALFAJORES DE LA TIERRA

Tiempo: 40 minutos.

Ingredientes:

- 500 gramos de harina pastelera.
- 200 gramos de azúcar fina.
- 6 yemas de huevo y 1 clara.
- 1 cucharadita colmada de canela en polvo.
- 1 cucharadita colmada de matalahúva.
- 50 gramos de mantequilla.
- 100 gramos de almendras trituradas o medio paquete de los que existen en el comercio.
- ½ sobre de levadura en polvo.

Preparación:

Se pone la harina en un bol grande, mezclando bien en la misma el medio sobre de levadura. Se hace un hueco en el centro de la harina, donde se vierten todos los componentes secos (azúcar, canela, matalahúva y almendras trituradas). Seguidamente se funde la mantequilla y se vuelca sobre los anteriores componentes, así como las yemas y la clara de huevo bien batidas. Se homogeneiza la masa con una cuchara o con la minipimer y, a continuación, se extiende en una superficie plana, dándoles la forma deseada a los alfajores, que se van colocando en una placa engrasada.

Se hornean durante quince minutos. Se pueden adornar con un poco de azúcar glasé.

ALMENDRADOS

Tiempo: 45 minutos.

Ingredientes:

- 1 kg. de almendras tostadas. Pueden utilizarse también los paquetes de almendras molidas existentes en el comercio. En este caso, serán 4 paquetes de 250 gramos.
- 6 huevos frescos enteros.
- 150 gramos de azúcar molido.
- 1 cucharadita de canela en polvo.
- La raspadura de ½ limón o naranja.

Preparación

En un bol grande se cascan los huevos y se baten bien. A continuación, se añade el resto de los componentes, empezando por el azúcar. Debe resultar una masa bien homogénea (si lo hacemos en batidora o robot, quedará mejor).

Con la masa obtenida y un vaso boca abajo como molde, haremos unas tortitas que pondremos a horno medio en una plancha de engrasada durante veinticinco o treinta minutos. El éxito está siempre asegurado.

ARROZ CON LECHE

Tiempo: 25 minutos.

Ingredientes:

- 300 gramos de arroz (con la especialidad "basmati" resulta excelente).
- ¾ litro de agua.
- ¾ litro de leche entera.
- 4 cucharadas de azúcar.
- 1 palo de canela en rama.
- 1 cáscara de limón.

Preparación:

Se ponen dos cacerolas, una con el agua y otra con la leche. En la primera de ellas se pone el arroz; en la segunda, la leche, con la canela y la cáscara de limón. Cuando el arroz ha hervido diez minutos en el agua, se saca, se escurre y se pasa a la cacerola donde hierve la leche. Se deja cocer en ésta otros diez minutos.

Después, se saca la cáscara de limón y el palo de canela, y se vierte el arroz con leche en una fuente adecuada para que repose. Se espolvorea uniformemente con azúcar glasé y canela, a gusto. También se puede adornar con nata montada en el borde de la fuente.

BOLAS DE BERLÍN DE PATATA O COCO

Tiempo: 45 minutos.

Ingredientes:

- 5 patatas medianas o 400 gramos de ralladura de coco.
- 3 huevos.
- 5 cucharadas soperas de azúcar en polvo.
- 1 palo de canela en rama y una cucharadita de canela molida.
- 1 copa de anís dulce.
- 1 decilitro de aceite de oliva o girasol.
- 1 cucharada de mantequilla.

Preparación:

Se cuecen las patatas, se pelan y se machacan bien con un tenedor o en la turmix. Se le mezcla bien la cucharada de mantequilla y la yema de uno de los huevos para homogeneizar la masa obtenida. Seguidamente, se hacen con la mano unas bolas iguales en tamaño y se fríen en el aceite. Cuando estén doradas, se pasan a una superficie en que se haya esparcido azúcar glasé y canela en polvo.

Si hacemos las bolas con coco, el tiempo de elaboración será más breve, pero idéntica la preparación y el rebozo en azúcar y canela habrá de ser más intenso.

En vez de la canela y el azúcar, con las bolas de coco podemos utilizar fideítos de chocolate de los que se venden en el comercio.

BOLLOS DE NATA Y LECHE

Tiempo: 1 hora y cuarto.

Ingredientes:

- ¼ litro de nata.
- ¼ litro de leche entera.
- 1 sobre de levadura en polvo.
- 1 huevo fresco entero.
- 200 gramos de azúcar.
- 300 gramos de harina de trigo.

Preparación:

Se bate la nata hasta diluirla un poco. Seguidamente, se casca un huevo en la nata y se bate de nuevo hasta integrarlo en la misma. En un cuarto de litro de leche a temperatura ambiente, se pone un poco de sal y los doscientos gramos de azúcar removiendo con una cuchara hasta disolverlo bien. Se une esta leche a la nata batida y se espolvorea la harina poco a poco, removiendo hasta que veamos que la masa toma cuerpo. Se espolvorea uniformemente la levadura sobre la harina.

Se deja la masa que repose una media hora o cuarenta minutos. Ya tendremos la masa lista para hacer unos seis bollitos que se llevarán a horno medio hasta que tomen un dorado apetitoso.

FLAN DE HUEVO

Tiempo: 45 minutos.

Ingredientes:

- 3 cucharadas de azúcar.
- 3 huevos frescos enteros.
- 1 vaso grande y medio de leche entera.
- ½ cucharadita de canela en polvo.
- 1 cáscara de naranja.

Preparación:

Hay varias recetas para hacer el flan. Esta tiene la ventaja de la facilidad para recordarla (3 + 3 + 1½). Se baten los huevos con el azúcar hasta obtener una mezcla espumosa. Después, se añade un vaso y medio de leche entera. Se perfuma a gusto, con canela o cáscara de naranja y se pone al baño maría hasta que cuaje.

Se deja enfriar el molde, previamente acaramelado, en el frigorífico y se desmolda antes de servir.

LECHE FRITA

Tiempo: 1 hora y media.

Ingredientes:

- 1½ litro de leche entera.
- 800 gramos de harina.
- 2 cucharadas de azúcar.
- 1 rama de canela en un bastón.

Para el rebozo:

- 2 cucharadas de canela en polvo.
- 6 cucharadas de azúcar.

Preparación:

Se pone la leche a calentar en un recipiente profundo y se le agregan las cucharadas de azúcar y el palo de canela en rama. Poco antes de que hierva, se retira el bastón de canela y se va añadiendo la harina poco a poco, removiendo con cuchara de palo, para evitar grumos.

Cuando haya cocido, se deja reposar un poco y seguidamente se extiende en una tabla de mármol o en placa de horno para que quede lo más fina posible.

Una vez enfriada, se van cortando rectángulos regulares que se fríen a fuego medio. Se van sacando y rebozando en canela y azúcar, antes de colocarlos en la bandeja en que se van a servir.

NATILLAS ALMERIENSES

Tiempo: 20 minutos.

Ingredientes:

- 6 huevos enteros.
- 4 cucharadas no colmadas de maizena.
- 150 gramos de azúcar.
- 1 palo de canela en rama.
- 1 corteza de limón o naranja.
- 1 cucharada de canela en polvo.

Preparación:

Se pone a hervir la leche, junto con el palo de canela y la corteza de limón o naranja. Cuando haya hervido la leche, se aparta varias veces y se lleva de nuevo a ebullición para que se aromatice bien. Se sacan el palo de canela y la corteza de limón o naranja y, seguidamente, se añade un batido con los huevos y el azúcar. Se pone a hervir de nuevo, se espolvorea la maizena y se remueve bajando la intensidad del fuego.

Se aparta y distribuye el contenido en varias cazuelitas de barro sobre las que espolvorearemos una ligerísima capa de canela en polvo.

PAN DE HIGO ALMERIENSE

Tiempo: 45 minutos.

Ingredientes:

- 2 kg. de higos secos.
- 1 cucharadita colmada de matalahúva.
- 300 gramos de almendras peladas.
- 1 cáscara de naranja seca.
- 6 clavos.
- 1 vaso pequeño de aguardiente dulce.
- 2 ramitas de hinojo fresco.
- 1 cucharadita de ajonjolí.
- 3 cucharadas de aceite de oliva.

Preparación:

Se les quitan las puntas duras a los higos. En la actualidad, pueden triturarse los higos con cualquier máquina moderna de las existentes en la cocina; es más fácil y rápido que hacerlo a la antigua, a cuchillo y mano. Se tuestan ligeramente las almendras y la matalahúva. Se majan las almendras, dejando veinticinco o treinta para el adorno final. También se tuesta muy ligeramente el ajonjolí. Se incorporan estos ingredientes a los higos triturados, cociendo aparte las ramas de hinojos, los clavos y unas cuatro cucharadas de agua. Se incorpora el vaso de anís. El líquido obtenido se pasa por el colador y después se vierte en la masa de higos triturados. Se mueve bien hasta obtener una masa homogénea a la que damos forma de pan, adornándolo con las almendras que reservamos y el ajonjolí ligeramente tostado. Se deja varios días prensado en un recipiente.

PAPAVIEJOS

Tiempo: 1 hora y cuarto.

Ingredientes:

- 6 patatas.
- 3 huevos frescos completos.
- 4 cucharadas de harina pastelera.
- 1 cucharadita de canela en polvo.
- 1 sobre de levadura.
- 1 vaso de leche templada.
- Ralladura de limón o de naranja.
- 4 cucharadas de azúcar glasé.
- 4 cucharadas de coco rallado.
- 1 decilitro de aceite de girasol.

Preparación:

Se cuecen las patatas durante veinticinco minutos, se pelan y se pasan por la turmix o el pasapurés. Se mezcla la harina con la levadura. Se baten los huevos, se mezclan con la canela y la leche hasta obtener una masa homogénea y se añaden las ralladuras de limón o de naranja. Se van cogiendo trozos y haciendo pequeñas bolas, que se fríen en abundante aceite de girasol (para evitar el exceso de sabor del aceite de oliva).

Las bolas doraditas se envuelven en el coco, la canela y el azúcar glasé que pusimos en un plato al lado de la sartén. Se comen así o rociadas con leche y un poco del licor que se prefiera. Es un excelente postre.

PAPAVIEJOS O BUÑUELOS DE VIENTO

Tiempo: 50 minutos.

Ingredientes:

- 300 gramos de harina candeal.
- ½ sobre de levadura en polvo.
- 2 huevos frescos enteros.
- 100 gramos de azúcar en polvo.
- 1 cucharadita de canela en polvo.
- La raspadura de un limón o naranja.
- 1 vaso grande de leche.
- 1½ decilitros de aceite de oliva.

Preparación:

Los "papaviejos" son unos buñuelos muy populares en casi toda Andalucía Oriental; también naturalmente, en Almería. Se hacen batiendo los huevos en un bol grande. Se vierte seguidamente el vaso de leche y el resto de los componentes. Se va añadiendo la harina poco a poco mientras se remueve con una cuchara grande de palo. Se debe obtener una masa homogénea, agregando unas cucharadas de harina más si fuera preciso. Se va tomando un poco de masa y haciendo roscos con ella que freiremos en aceite vivo, pero no muy fuerte para que se hagan bien. Podemos comerlos tal cual o espolvoreados de azúcar glasé.

PEBETES CON MIEL

Tiempo: 1 hora.

Ingredientes:

- 300 gramos de harina pastelera.
- 4 huevos frescos enteros.
- 250 gramos de miel de abeja o caña.
- 100 gramos de almendras tostadas o medio paquete de las del comercio ya trituradas.
- 10 pámpanos de vid.

Preparación:

Se tuesta un poco la harina en la sartén hasta que tome un poco de color. Se apaga el fuego y se mezclan con la harina los huevos batidos y las almendras trituradas. Se consigue una masa homogénea y se van cogiendo trozos de la misma para envolverlos en las hojas de vid.

Se colocan en una placa de horno engrasada y se dejan hacer a horno mediano durante unos cuarenta minutos. Se sacan los dulces, se les quitan las hojas en que cocieron y se van poniendo en un recipiente de cristal o porcelana. Finalmente, se rocían con la miel reservada.

Es un dulce de indudable origen griego con que nos sorprende la gastronomía almeriense.

PERRUNILLAS

Tiempo: 40 minutos y 3 o 4 horas para que repose la masa.

Ingredientes:

- 8 cucharadas soperas de azúcar.
- 1 vasito de anís.
- El zumo de un limón.
- El zumo dc una naranja.
- 1 taza de manteca de cerdo.
- ½ taza de aceite.
- ½ cucharadita de bicarbonato.
- 400 gramos de harina pastelera.

Preparación:

Se funde en el fuego la manteca de cerdo, mezclándola bien con el azúcar, el vasito de anís y los zumos de la naranja y el limón. En una sartén amplia se pone la media taza de aceite, perfumando éste con las cáscaras de limón y de naranja. A continuación, se une poco a poco la harina, removiendo con la mezcla anterior de manteca, azúcar, anís y zumos. Al final, se vierte en la sartén tras retirar las cáscaras de limón y de naranja. Se trabaja la masa, dejándola reposar después tres o cuatro horas.

Se trabaja de nuevo la masa, se extiende sobre la mesa o mármol y se afina con el rodillo. Utilizando un vaso como molde se hacen círculos, hendiéndola y poniendo azúcar en este corte lateral. Se engrasa una bandeja de horno y se lleva a éste treinta minutos hasta que estén doradas.

ROSCÓN ALMERIENSE

Tiempo: 40 minutos.

Ingredientes:

- 300 gramos de harina.
- 1 sobre de levadura en polvo.
- 3 huevos frescos.
- 1½ decilitros de leche.
- 1½ decilitros de aceite frito.
- 150 gramos de azúcar.
- ½ cucharadita de canela en polvo.
- La raspadura de un limón.

Preparación:

En un bol grande, se pone la harina mezclada con el sobre de levadura en polvo. Se separan las yemas de las claras, se incorporan las yemas a la harina y se baten las claras a punto de nieve. Se vierten la leche, el aceite y el azúcar. Se trabaja bien la masa, añadiendo las raspaduras de limón y la media cucharadita de canela en polvo.

Si después de trabajada la masa, quedara pegadiza, se corrige con un poco de harina hasta lograr la consistencia deseada. Se hace un rosco que freiremos en una sartén con aceite a fuego bajo.

Se adorna con las claras batidas a punto de nieve.

ROSCÓN DE BUEN PALADAR

Tiempo: 50 minutos.

Ingredientes:

- 500 gramos de azúcar en polvo.
- 500 gramos de manteca de cerdo.
- 4 huevos frescos enteros.
- 350 gramos de harina pastelera.
- ½ vasito aproximadamente de vino blanco.
- ¾ de cucharadita de clavo en polvo.
- La corteza rallada de dos limones.
- 1 cucharada de aceite de oliva.

Preparación:

Se bate bien la manteca de cerdo previamente fundida, incorporándole el azúcar hasta conseguir que espume. En este punto se añaden los huevos batidos, las ralladuras de los dos limones y el vino y los clavillos. Se mezcla bien y , a continuación, se van añadiendo poco a poco las cucharadas de harina hasta lograr una masa consistente y bien trabajada (estará ligeramente brillante).

Se engrasa una placa de horno con la cucharada de aceite y se van cogiendo trozos de masa, enrollándolos con ambas palmas de la mano y haciendo roscos. Se untan con huevo para que brillen y se llevan a horno moderado hasta que estén dorados.

ROSCÓN DE PASCUA

Tiempo: 1 hora y otras 2 para dejar la masa en reposo.

Ingredientes:

- 500 gramos de harina confitera.
- 200 gramos de azúcar.
- ½ sobre de levadura en polvo.
- 2 huevos frescos.
- 1 vaso grande de leche.
- 1 vasito de aceite de oliva.
- ½ vasito de anís.
- ½ cucharadita de sal.

Preparación:

En un bol grande se pone la harina y se mezcla bien con la levadura en polvo. Seguidamente, hacemos un hueco en el centro y vertemos en el mismo todos los ingredientes líquidos, la media cucharadita de sal y el azúcar. Se mezcla bien todo hasta lograr una masa compacta y brillante.

La dejamos laudar un par de horas y , a continuación, la sacamos a una superficie enharinada, enrollándola y haciendo un rosco en la forma que nos dicte nuestra imaginación. Se lleva el rosco al horno en una plancha untada en aceite o mantequilla. A los 35 minutos aproximadamente, habrá adquirido un bonito color dorado.

ROSCOS BORRACHOS

Tiempo: 1 hora.

Ingredientes:

- 400 gramos de harina.
- 2 naranjas exprimidas.
- 1 vasito de vino blanco.
- 1 vasito de aceite.
- 1 vasito de azúcar.
- ½ vasito de aguardiente.
- 1 sobre de levadura en polvo.
- 2 decilitros de aceite de oliva (También puede mezclarse 1 decilitro de aceite con 3 cucharadas de mantequilla).

Preparación:

Se vierte el vasito de aceite y se fríe ligeramente la matalahúva. Se deja enfriar y a continuación, se añaden los demás componentes y la harina, poco a poco y sin dejar de remover. Se trabaja la masa agregando –si fuera necesario– un poco más de harina hasta lograr el punto deseado, es decir, que esté compacta para hacer las rosquillas que freiremos en aceite a fuego mediano.

Se ponen en una fuente con una servilleta de papel debajo para que empape el aceite. Si se desea, pueden comerse así, o espolvoreadas con azúcar glasé.

ROSCOS DE VINO

Tiempo: 20 minutos de preparación y 2 horas para que laude.

Ingredientes:

- ½ sobre de levadura en polvo.
- 250 gramos de vino blanco o semidulce.
- 250 gramos de azúcar.
- ¼ litro de aceite frito.
- 1 cuchara no colmada de canela en polvo.
- 1 kg. de harina candeal o de confitera.
- 1 cucharadita de matalahúva.

Preparación:

Se fríe ligeramente el aceite y se agrega la matalahúva y un trozo de corteza de limón. Se saca la corteza y se deja enfriar el aceite. A continuación, se vierte el vino, el azúcar, el medio sobre de levadura y la canela en polvo. Para lograr una mezcla homogénea se remueve con una cuchara y seguidamente, se incorpora la harina poco a poco, procurando evitar los grumos. Así conseguiremos una masa brillante y suelta.

Después de unas horas en reposo para que laude un poco, se van cogiendo trozos de masa, enrollándolos y haciendo roscos del mismo tamaño hasta terminar la masa. Se fríen evitando que se unan y, cuando tengan un bonito color dorado, se pueden espolvorear con azúcar glasé.

SOPLILLOS ALPUJARREÑOS

Tiempo: 40 minutos.

Ingredientes:

- 1 docena de huevos enteros.
- 400 gramos de azúcar en polvo.
- 200 gramos de almendras trituradas o un paquete de los que existen en el comercio.
- 1 cucharada de aceite de oliva.

Preparación:

Este dulce es típico de la Alpujarra, tanto almeriense como granadina, pero es frecuente encontrarlo en los mejores restaurantes de toda Andalucía Oriental.

Se hacen batiendo los huevos en un bol grande y mezclando bien el azúcar y las almendras trituradas o simplemente machacadas. En una placa de horno engrasada con una cucharada de aceite, se van poniendo montoncitos del merengue obtenido.

Se mete la placa en el horno hasta que endurezcan los diversos merengues, pero evitando que se quemen. Se sirven fríos en una fuente.

TALBINAS

Tiempo: 30 minutos.

Ingredientes:

- 2 rebanadas de pan del día anterior.
- 25 almendras peladas o con cáscara.
- 400 gramos de harina de repostería.
- 1 cucharadita colmada de matalahúva.
- ¾ litro de leche o agua.
- 3 cucharadas soperas de azúcar.
- ½ decilitro de aceite de oliva o de girasol.

Preparación:

Este plato almeriense existe en casi todas las provincias andaluzas: es un guiso hispanoárabe y originalmente, según su etimología, se haría siempre con leche, pero puede hacerse también con agua, más ligero si forma parte de la cena. Se elabora partiendo de la matalahúva o matalahúga (anís en la Meseta) que se fríe en el aceite en una sartén profunda. Posteriormente, se fríe el pan en trozos regulares y las almendras, y se reservan. A continuación, se vierte el agua o la leche sobre la matalahúva ligeramente frita y, cuando hierva, se va echando la harina y el azúcar poco a poco, evitando grumos mediante el movimiento circular y acompasado de una cuchara de palo.

Podemos añadir, a gusto, azúcar glasé y un poco de canela sobre el pan y las almendras distribuidas encima.

TORTAS DE ACEITE

Tiempo: 50 minutos.

Ingredientes:

- 250 gramos de harina candeal.
- 2 huevos frescos enteros.
- 1 copa de aguardiente.
- La ralladura de un limón.
- 1 vasito de aceite de oliva.
- ¼ de cucharadita de sal.
- 1 cucharadita de levadura en polvo.
- 3 cucharadas de azúcar.

Preparación:

Se mezcla la harina con la cucharadita de levadura en un bol grande. Se añaden el resto de los componentes y se remueve bien el conjunto hasta obtener una masa consistente (si fuera necesario, se agrega un poco de harina). Se hacen tortas de forma regular, aplanando la masa con el rollo de madera de la cocina o con la palma de la mano y un vaso grande agua bocabajo como molde.

Se colocan en una placa de horno engrasada y se llevan al horno suave hasta que se doren. Se adornan con azúcar glasé.

TORTA DE CHICHARRONES

Tiempo: 45 minutos.

Ingredientes:

- 400 gramos de chicharrones frescos.
- 800 gramos de harina candeal.
- 200 gramos de azúcar en polvo.
- 1 cucharada de mantequilla de vaca.
- 2 cucharadas soperas de aceite de oliva.
- 50 gramos de raspaduras de un limón.
- 2 huevos enteros.

Preparación:

Para la mezcla de la masa puede utilizarse una batidora, pero daría igual hacerlo con las manos, pues es fácil. En un bol amplio se pone la harina, el azúcar y las raspaduras de limón y se mueve bien con una cuchara de palo.

Aparte, en una sartén, se funden los chicharrones con las dos cucharadas de aceite y la cucharada de mantequilla. Se vierte todo en el bol en que está el azúcar y la harina. Al final, se cascan los huevos, y se amasa bien el conjunto hasta obtener una mezcla homogénea. Si es necesario, podemos corregir con harina.

Se hacen cuatro tortas con la palma de la mano y se llevan al horno en una fuente untada de aceite. Se retiran cuando veamos que están doradas.

TORRIJAS

Tiempo: 35 minutos.

Ingredientes:

- 1 pan del llamado de torrijas. (Vale cualquier otro que sea del día anterior).
- ½ litro de leche.
- 1 palo de canela en rama.
- 100 gramos de azúcar glasé. (También puede optarse por caramelo líquido).
- 3 huevos.
- Cortezas de limón o de naranja.
- 1 decilitro de aceite de oliva.

Preparación:

Se corta el pan en rebanadas de pan que se colocan en una fuente plana. Se pone a hervir la leche con la rama de canela y la corteza de limón o naranja, según gusto.

Se vierte la leche hervida sobre el pan sin demorarse demasiado en la siguiente operación: pasar las rebanadas por huevo batido y freírlas en el aceite hasta que tomen un bonito dorado.

Se colocan en la fuente en que se van a servir y, una vez frías, se espolvorean con azúcar glasé o jarabe de caramelo elaborado con un poco de anís dulce.

TORRIJAS CON MIEL

Tiempo: 40 minutos.

Ingredientes:

- 1 barra de pan sentado, es decir, del día anterior.
- 2 vasos de leche templada.
- 2 huevos frescos batidos.
- ½ vaso de agua templada.
- 6 cucharadas de miel.
- 1½ decilitros de aceite de oliva o de girasol.

Preparación:

Se corta la barra de pan en rodajas de centímetro y medio de espesor. Se vierte la leche en una fuente y se van empapando las rodajas de pan. Seguidamente, se las pasa por el huevo batido y se van friendo hasta que tomen un bonito color dorado. Se deja que escurran el aceite (es conveniente hacerlo sobre papel de cocina).

Mientras tanto, se mezclan las cucharadas de miel con el agua y se prepara un almíbar. También se puede hacer éste con una copa de anís, agua y azúcar, pero se les privaría del sabor de la miel. Se rocían las torrijas con el almíbar. y se sirven frías.

VINOS Y QUESOS

Afirman Andréu Parra y Miguel Sen en su notable obra titulada *Viajes por los vinos de España*[1] que: "A pesar de la fama de que gozan los vinos andaluces, muchos de ellos constituyen un misterio para buena parte de los aficionados" [...] "No hay más remedio que buscarlos en sus lugares de origen, con cuidado y paciencia". Almería ha basado su economía en los sectores de exportación: minería en el siglo XIX, naranja, cultivos bajo plástico y sus excelentes uvas...

La producción de uva de mesa de Almería y su región es de 1.200 toneladas aproximadamente y la producción de uvas para vinificación es de unas 1,3 toneladas. Se producen vinos rosados y claretes en una proporción de 12.114 hectolitros. Así pues, la producción de uva de mesa es similar a la de Sevilla o Jaén; la de vinos jóvenes para consumo local, casi artesano, es muy aproximada a la de la provincia de Granada. Se trata, repetimos, de vinos jóvenes de excelente calidad con tipos de viña normalizados y métodos de poda uniformes que –pese a su reducida producción– podrían gozar de Denominación de Origen, según la normativa de la CEE.

El caso de Granada es comparable al de Almería en lo que se refiere a la producción de queso. No existe producción de leche de oveja en Almería; no obstante, el volumen total de leche de vaca y cabra se eleva a 31.823 miles de litros. Se calcula que unos 60.000 litros de leche se dedican a la producción de queso de cabra y vaca.

[1] Barcelona, 1989.

No existe, como en el caso de Granada, una definida normalización quesera. Almería, en el norte de la provincia sobre todo (en mayor medida que Granada o Cádiz, los otros dos centros productores) arrojan el mayor volumen en lo que al queso de cabra se refiere. La producción y el consumo siguen siendo eminentemente familiares, pero también gozan de una gran proyección fuera de la región en otros puntos de la geografía nacional.

BIBLIOGRAFÍA

AZPIAZU, ÍÑIGO: *La cocina andaluza*. Barcelona, 1989.

BRIZ, JOSÉ: *Breviario del gazpacho y de los gazpachos*. Madrid, 1993.

CALERA, ANA MARÍA: *Cocina andaluza*. Madrid, 1979-1981-1984-1987 y 1995.

CAPEL, JOSÉ CARLOS: *Comer en Andalucía*. Madrid, 1981.

CENTENO, JOSÉ MARÍA y ZARZA, FRANCISCO: *Cocina regional*. Bilbao, 1979.

DÍAZ VIÑAS, FLOR: *La España dulce*. Madrid, 1989.

GALLEGO MORELL, ANTONIO: *De cocina andaluza*. Granada, 1989.

GOURMETOUR: *Guía gastronómica de España*. Barcelona, 1984-1985.

LACALLE, JOAQUÍN y MAPELLI, ENRIQUE: *El gran libro de la cocina andaluza*. Málaga, 1990.

LÓPEZ ELVIRA, ÁNGEL: *Cocina casera andaluza*. Málaga, 1994.

PARDO BAZÁN, EMILIA: *La Cocina Española Antigua*. Madrid, 1981.

PARRA, ANDRÉS: *Viajes por los vinos de España*. Madrid, 1977.

PEÑÍN, JOSÉ: *Manual de vinos españoles*, Madrid, 1980.

PÉREZ, DIONISIO: *Guía del buen comer español: inventario y loa de la cocina clásica de España y sus regiones*. Madrid, 1976.

SIMÓN PALMER, CARMEN: *Bibliografía de la gastronomía española*. Madrid, 1977.

RUBIO LOZANO, ISABEL: *Manual de Cocina Alpujarreña*. Granada, 1987.

SALCEDO HIERRO, MIGUEL: *La cocina andaluza*. León, 1979. Sevilla, 1989.

SECCIÓN FEMENINA DE F.E.T. Y DE LAS J.O.N.S.: *La cocina regional*. Madrid, 1963.

SERVILIBRO, EDICIONES: *Cocina andaluza y cocina mediterránea*. Sevilla, 1989.

VÁZQUEZ SOTO, JOSÉ MARÍA: *Cocina andalusí*. Sevilla, 1995.

ZAPATA, ANTONIO: *Vivir para comer en Almería*. Almería, 1993.

ÍNDICE DE PLATOS